萧乾 主编

新编文史笔记丛书

第四辑

37

山东省文史研究馆 编

李骏昌 张蕾 萧思贵 主编

中華書局

目录

仁民爱物

文化教育

曲艺杂技

琴棋书画

散英佥载

地方掌故

饮食烹饪

三教九流

新编文史笔记丛书

序

萧　乾

读书界向来对野史有所偏爱。野史大多是信手拈来的历史片断，且往往出自亲历者之手。文直事核，不虚美，不隐恶，而文笔潇洒自如，意味隽永，自然朴实，篇幅不长；可以摊开来仔细咀嚼，也可供茶余酒后、行旅倥偬中，随手浏览。

鲁迅在《华盖集》中，曾几次对野史表示过好感。在《忽然想到》一文中写道：“历史上都写着中国的灵魂，指示着将来的命运，只因为涂饰太厚，废话太多，所以很不容易察出底细来。正如通过密叶投射在莓苔上面的月光，只看见点点碎影。但如看野史和杂记,可更容易了然了,因为他们究竟不必太摆史官的架子。”又在同书《这个与那个》一文中说:“野史和杂说自然也免不了有讹传,挟恩怨,但看往事却可以较分明,因为它究竟不像正史那样地装腔作势。”

全国文史研究馆所编的《新编文史笔记》丛书,内容也属野史杂说的范畴。我们希望这些以亲闻、亲见、亲历为主的轶事掌故、琐闻杂记,写人、事而摒除误会曲解,述历史而符合真实面目。

作为一种短隽有味,文字清奇而又雅俗共赏的文学体裁,笔记在中国具有悠久的传统。它始自魏晋,盛行于宋代。南朝刘义庆的《世说新语》,北宋沈括的《梦溪笔谈》,南宋陆游的《老学庵笔记》,明朝张岱的《陶庵梦忆》,清朝纪昀的《阅微草堂笔记》以及20世纪30年代初丰子恺的《缘缘堂随笔》,都是文学史上的奇葩。然而,近年来笔记乏人问津。因此,我们出这一套书,也包含着挽回颓势之意。

全国三十二所文史研究馆拥有雄厚的稿源,两千多位馆员和各馆联系的社会人士,都是丛书的撰稿人。他们都是文史界的耆宿,见多识广,阅历丰富:有的反对过帝制,有的在“五四”运动中扛过大旗,他们目睹过军阀的横行霸道,也经历过艰苦卓绝的八年抗战。这些历尽沧桑的饱学之士,他们的所见所闻,都是弥足珍贵的史料。

本丛书分辑出版，分别由各地文史研究馆编辑，内容亦以本乡本土为主。因此，各册势必具有浓厚的地方色彩。

本着笔记固有的传统，所收各文题材不嫌庞杂。举凡与文史有关的政治、经济、军事、文化、社会等方面，或记闻见杂事，或叙往昔交游，或忆社会百态，均在搜罗之列。时间跨度则自清末以迄1949年为止。这正是中华民族从闭关自守到走向世界，从落后羸弱到奋发图强，是天翻地覆、风起云涌的大半个世纪。其间，发生过多少可歌可泣的事迹，涌现过多少杰出的人物。以这一时间跨度为背景题材写出的笔记作品，必然是内容最为丰厚的。

在选稿标准上，我们坚持史料一定要真，内容要新；既要防止以讹传讹，也力避炒冷饭。在写法上务求短小精悍、生动活泼。每篇以千字为度，希望借此在文风方面，提倡一下简约。在版式上，则想做到既利于阅读，又便于携带。

恳切希望文史界方家及广大读者，不吝赐正。

民族义士宫仲桐

牛　津

宫仲桐(yīn 因,1831—1904),字伊真,祖籍今青岛市崂山区夏庄镇南石屋村。工《易经》,不涉仕途,任塾师。1898 年(光绪二十四年)德国侵占胶澳,其祖居划归胶澳李村区,德国人任区长,推行殖民统治。宫氏引为奇耻大辱,曾倡导民众仍向即墨县纳粮,立志要做中华赤子,不为德国顺民。未遂,即弃家北上京师、盛京(沈阳)等地,寻求救国救民之道。宫在北方耳闻目睹清廷"宁赠外友,勿与家奴"的反动举措,愤而南归,1904 年 4 月 9 日在家乡自缢。遗书引孔子语云

“邦有道，危言危行；邦无道，危行言孙”，道出了其忧国忧民的爱国之情。

宫氏之死，引起了胶澳城乡各界人士的关注。旅居胶澳的社会名流撰文赋诗颂之者达二十余人。崂山人、前清廪生王锡极誉之为“民族义士”；莱阳人、前清太史、刑部侍郎、书法家王垿为之撰书墓志铭；胶州人、前清京师大学堂经科监督、《新元史》撰者柯劭忞题挽联曰“汉家纵有中行说，齐国宁无鲁仲连”，高度赞扬了宫氏的民族气节。

于宗潼二三事

翟辛灵

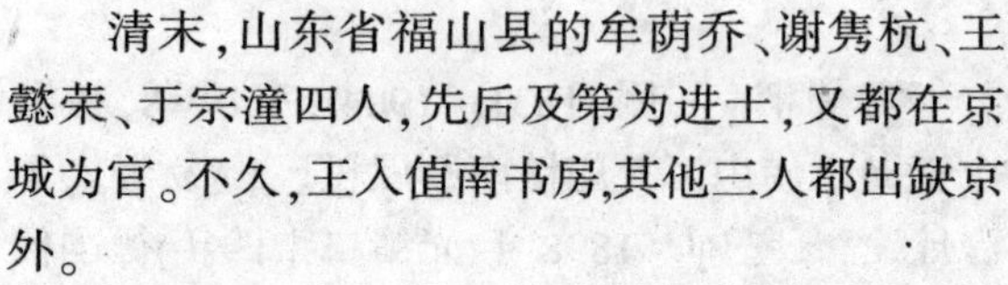

清末，山东省福山县的牟荫乔、谢隽杭、王懿荣、于宗潼四人，先后及第为进士，又都在京城为官。不久，王入值南书房，其他三人都出缺京外。

于宗潼(1860—1934)，字梓生，号西园，光绪十五年(1889)中式三甲三十名进士。后出任四川省夔州知府，政绩可嘉，又调任成都知府。适奉节县三角坝江水暴发，淹死一基督徒，牧师诬陷居民企图敲诈，县衙不能解决。大员委于宗潼办理，很快真相大白，他当即释放在押居民，并公开宣布牧师诈骗之罪。寻擢四川省劝业道。

辛亥年(1911),清政府悍然宣布铁路干线收归国有,实际是把粤汉、川汉铁路出卖给帝国主义者。为此,湖南、湖北、广东、四川民众掀起保路运动。四川尤为炽烈,成都举行数万人大会。四川总督赵尔丰血腥镇压,杀害数十人。这一惨案激起四十万人民云集成都城下。赵尔丰大怒,要命令开炮轰击。于宗潼以死力争,身蔽炮口,愿与俱碎。炮乃未发。

迨民国成立,于宗潼返回故乡。烟台几位商绅老友集资开设齐鲁大药房,聘于宗潼任名誉经理。民国八、九年间,他被选为烟台总商会会长。福山县县长倡修本县县志,聘于为总编纂。书成,于命名《福山县志稿》,称"稿"有自谦之意。1931 年刊行。还著有《浣薇书屋遗稿》十四卷,1941 年烟台泰东印刷厂石印出书。

成仿吾与"黑旋风"

史若平

二十年代前期成仿吾在创造社时,年少气盛,锋芒毕露,在文坛上有"黑旋风"之称。当时以为"贬"者居多,但也不尽如此。

"黑旋风"的由来,大约是因成仿吾写的几篇文艺批评敢于直言,不留情面,以致使被批评

者下不来台。例如1922年,他在《学者的态度》、《雅典主义》和《戏剧与手势戏》三文中批评了胡适、佩韦和张东荪在翻译上的错误,有人称之为"三板斧"。1923年《文艺旬刊》便影射成仿吾为"黑松林里跳出来的李逵"。当然,二十年代成仿吾文章涉及的人和事,远不止此,也批评过鲁迅。

黑旋风李逵这一绰号,对成有一定的压力。而敢于持肯定态度的,却是梁实秋。梁在1923年6月12日致成的信中说:"仿吾啊! 李逵是一条好汉! 是愈穷愈硬愈直的好汉! 在现在这种乌烟瘴气的妖魔鬼怪的文艺界里,只有一个李逵,我还嫌少呢。""我诚确的感觉着,现今国内文艺界实在需要批评的工作,并且需要积极的批评工作。"同时,梁实秋也善意地向成提出忠告:"但是,仿吾,我们若要从事于这种工作,打破一切文艺界里的虚伪的工作,我们的斧法切不宜乱,斧法乱则劳而无功,且将损及自身。"成仿吾在6月14日回信说:"你忠告我的话,我读了很喜欢。人家骂我是黑旋风,我自己也在又喜又愧,可怜我怎么也比不上这个赤裸裸的人。""我想我的斧法可以不至再乱了,只是我希望朋友们多多给我点刺激,使我把斧头磨得更尖利些。"

最使成仿吾这一绰号出名的,还要推鲁迅。直到1935年12月25日,鲁迅还在《〈故事新编〉序言》里旧事重提:"这时我们的批评家成仿

吾先生正在创造社门口的‘灵魂的冒险’的旗子底下抡板斧。他以‘庸俗’的罪名，几斧砍杀了《呐喊》，只推《不周山》为佳作，——自然也仍有不好的地方。坦白说罢，这就是我不但不能心服，而且还是轻视了这位勇士的原因。”鲁迅写这番话时，成仿吾已经过长征而到达陕北。

成仿吾到延安后，任中央党校教务主任。当他听到 1936 年 10 月 19 日鲁迅逝世的消息后，为失去了一位战友而悲痛，立即写了一篇《纪念鲁迅》的短文，对鲁迅作了高度的评价。

从这段“黑旋风”的掌故中，可以看出成仿吾为人正直，敢于直言，不愧为中国新文化运动中一名闯将。

宋还吾与“子见南子”案

张振和

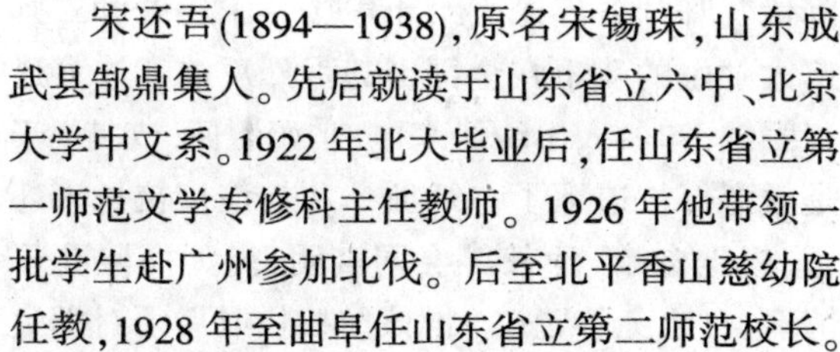

宋还吾(1894—1938)，原名宋锡珠，山东成武县郜鼎集人。先后就读于山东省立六中、北京大学中文系。1922 年北大毕业后，任山东省立第一师范文学专修科主任教师。1926 年他带领一批学生赴广州参加北伐。后至北平香山慈幼院任教，1928 年至曲阜任山东省立第二师范校长。

曲阜孔氏家族历代受统治者特殊礼遇，积渐成为当地的豪门，“五四” 以来深为群众所不满。还吾任曲阜师范校长后，创办黎明书社，引进进步书刊，提倡新文化，反对旧道德。在他支持下，二师进步师生利用1928年第1卷第6号《奔流》月刊所载的《子见南子》剧本，加以渲染，于1929年6月8日演出，对一向被视为神圣不可侵犯的孔夫子开了一个小小的玩笑。孔氏族人当然大哗，族长孔传堉等以侮辱孔氏祖宗罪告到教育部。实业部长孔祥熙亲自到蒋介石处告状，蒋责令教育部"严办"。教育部于6月26日发出训令："令山东省教育厅查明，核办"，并派一名教育部参事会同教育厅长何思源赴曲阜查处。后孔祥熙又在国民党中央常委会上以对该案查办不力为由，要求罢免何思源的厅长职务。

面对如此强大的压力，宋还吾毫不退让。他写出数千言的《答辩书》，据理驳斥孔传堉等"捏词诬陷"，又在报上发表《为"辱孔问题"答〈大公报〉记者》，披露事件真相。二师学生会亦于7月中旬通电全国，表示"对腐恶封建势力绝不低首降伏"，呼吁各界人士给予声援。宋还吾和二师广大师生的斗争在全国引起强烈反响，许多进步团体、知名人士纷纷来电、来函慰问、支持。于是教育部被迫下了一纸训令："查该校校长宋还吾，根据参事、厅长等会同查明，尚无侮辱孔子情事，自应免于置议。惟该校校长以后须对学生严加训诰，并对孔子极端尊崇，以符政府纪念及尊崇孔子本旨。"宋还吾对这道训令仍不满意，还要明辨是非，继续抗争。何思源怕事态扩大，便于8月1日下令把宋还吾“调厅另用”，实际上是屈从压力变相将宋撤职。正如鲁迅所说：把宋还吾调厅，另有任用……，其实就是‘撤差’也矣。这即所谓‘息事宁人’之举，也还是‘强宗大姓’的完全胜利也。”(《集外集·关于〈子见南子〉》)

宋还吾离开二师后，于次年被委为青岛铁路中学校长，以后又任省立高级中学校长。“七七”事变后他与杨鹏飞等代表教育厅，带领山东省部分中学师生南下流亡，辗转于湖北郧阳，组成国立湖北中学。终因积劳成疾于1938年病逝。一代反对旧礼教的急先锋，从此长眠于巴山楚水之间。

康有为轶诗两首

贾继闵

1925年夏，康有为去青岛途中，在青州下车，游览了这座古城，并留有两首鲜为人知的诗作。

到达青州的上午，他在清末最后一任青州驻防满洲旗城(北城)副都统、时任山东军务督办张宗昌“青州旗兵团”团长吴延年(字寿卿)的陪同下，登上了“嶂城如画”的云门山。当他北俯齐

国故地，但见平川沃野、“千里青葱”，一派富庶景象时，不禁诗兴大发，口占一绝：

云门巀嶭俯青州，千里青葱禾黍油，
府海关山应富庶，当年霸业自千秋。

中午回到住处，他特意把此诗书赠给吴延年，末署：“游云门山作，寿卿为东道主。乙丑年七月二十三日。”康氏墨宝，至今仍为青州市东关丁汉三所珍藏。近年，余参修市志，尝多次造访其门。据这位八十三岁的老者讲：康有为当年下榻于城里县商会内，同日下午，还游历了松林书院与法庆寺。

法庆寺在北关西，肇建于清初，时为胶济沿线最著名的古刹。据旧籍载，明衡王府籍没后，其字画文物、经典金石，多流入该寺。康有为游此留有七律《题赠法庆寺方丈慈宽》一首：

绿瓦红墙松柏宫，闻移衡府殿材工。
树根一几庄严在，磁画双皿色相同。
华屋山邱何所住，王侯帝释尽归空。
元戎小队郊相引，俯仰山河落日红。

这首诗的墨迹已轶。因系手抄，文字有出入，如“一几”，一作“倚几”；“双皿”，一作“双墩”；“郊相引”，一作“效相引”等。

国立青岛大学校长杨振声

王先进

杨振声，字金甫，后改为今甫，山东蓬莱人，北京大学中文系毕业，后留学美国哥伦比亚大学学教育，回国后任清华大学文学院院长兼英文系主任，1930年被委派为国立青岛大学校长(1929年6月，经山东省教育厅厅长何思源报请南京国民政府教育部批准，省立山东大学改建为国立山东大学，改称国立青岛大学，并于次年9月正式成立)。此时正值蒋介石与冯玉祥、阎锡山等进行中原大战，津浦路不通，杨振声只得取道青岛到南京教育部谢委。我当时任青大补习班副班长，以学生代表资格谒见杨校长，问他下学年是否办历史系。他说："请到好教授就办，否则不办。"下学期开学时没办历史系，但所请其他教职员工多为一时之选，如教务长张道藩、文学院院长兼中文系主任闻一多、理学院院长兼数学系主任黄际遇、教育学院院长兼教育行政系主任黄敬思、图书馆馆长兼英文系主任梁实秋；所请系主任有物理系王恒守、化学系汤腾汉、生物系曾省；教授有程乃颐、马师儒；讲师有游国恩、杨筠如、王普、刘天予、沈从文；助教有陈梦家、萧涤非。

杨校长于1930年举行就职典礼，教育部派蔡元培监誓。全体合影时，杨让蔡坐中间，蔡说："你就职，你坐中间。"杨才谦逊地坐下。杨是蔡的嫡系，继承了蔡在学术上兼容并蓄之宗旨，教授只要持之有故，言之成理，讲什么都可以。闻一多讲《诗经·周南、召南》如贵州苗族跳月一样，是男女恋爱的歌曲。这个观点引起个别学生的反感，他们想驱逐他。杨振声则对他表示支持，后来闻越讲越放开，为治中国古代文学史者开出一条新路子。招生时，应试者只要有一门功课成绩突出，即可破格录取，如臧克家中文作文成绩九十八分，录取为中文系学生者是。每逢有著名学者路过青岛，杨校长都登门邀请到校演讲，如章太炎讲《行己有耻》，胡适之讲《古代文化之山东》，都曾名震一时。1931年暑假在青岛大学开科学讨论会，中央研究院院长蔡元培先生讲美学，生物研究所所长秉农三讲解剖学，浙江大学校长竺可桢讲太阳中的黑点与中国历史的关系，中央研究院总干事杨杏佛讲"我的恋爱观"，一时硕儒云集，弘论连篇，学术界传为佳话。解放后，人称山东大学校史上有两个极盛时代，一为杨振声时代，一为华岗时代，决非偶然。

“半老徐娘”王书天

王逸民

王书天，笔名“半老徐娘”，山东日照人，三十年代初是《青岛时报》的总编辑，兼中央社驻青记者。他才华横溢，妙笔生花，社论、漫谈、小说、杂文，皆能援笔立就。青岛沦陷后闭门不出，后被在鲁中南一带抗日的山东省主席沈鸿烈邀去，任省政府的秘书兼山东公报社社长。因眷属在青，还曾多次秘密到过青岛。

青州东关菜市街有个小店叫“三合堂”，是沈在敌区设置的地下联络点，凡从青岛去鲁中南的沈氏部属都经过这里。这个点在抗日中所起作用甚大，时间长了，被敌宪兵发觉破坏。适王经过这里，被捕遇害，时年尚不到四十岁。

王的妻子是原中央社名记者何冰如的妹妹何桂如。抗战胜利后，何桂如以烈士遗孀，被选为青岛市参议员；王的弟弟王剑鹏，在青岛《民言报》任编辑主任，解放前随社长杨天毅去台湾。杨、王二人都是台北有名气的《联合报》的创始人。

我所知道的梁漱溟先生

孙方成

我认识梁漱溟先生是在济宁乡村服务人员训练处，当时我在朝会上听过他一次讲话;后来在镇平彭公祠前，我又听过他从延安会见毛主席回来后的一次很长的演讲。

我进训练处不久，便听到有关梁先生的一些传说。他旧制中学毕业后去考北大，名落孙山，他气愤之余发誓说:“我三年之后来教北大。”誓言成了他奋斗的目标。他回到家中便关在一座小楼上，终日面壁，埋头读书，从不下楼，一直学了三年。因为他出身于仕宦之家，有优越的条件，吃喝一切都在楼上。三年内他的佛学研究有了成就，果然在十八岁登上了北大的讲坛。

梁先生和他父亲都很关心国事，但父子的立场观点不同，一个是维新变法的保皇派，一个是革命的共和派，因此两人每因社会问题争论得和吵架一样。邻里们赶来劝架，细问后始知争吵的由来，一笑而去。

梁先生的文笔很特别，他喜欢造长句，有时一句占一两行，当中不见标点，读起来很吃力。他的成名作《东西文化及其哲学》，驰誉中外，连日本人欧美人都很称颂。我那时不懂哲学，没有读过这部高深的著作。另一本叫《乡村建设理论》(又名《中国民族自救运动之最后觉悟》),也就是他1938年第一次去延安时送给毛主席的那本书,是十六开本,八百多页。我只读了第一页,因为句子长,我读后竟不知所云。

周履安轶事

梁兆斌

周履安(1889—1949),今淄博市周村区人,自小聪颖,勤奋好学,为前清举人。周是山东省优级师范学堂高才生,攻读数理,每试辄名列前茅,以优异成绩毕业,应聘到山东省农专教数理。北洋政府时期,曾被选任两届国会众议院议员,以当时政治腐败,贿赂公行,丧权辱国,乃愤而南归,在家乡办煤矿,藉达实业救国之志。终因技术落后,资金短缺而倒闭。于是乃弃矿从政,应友人之邀,远赴西北,曾先后任汉中道道尹、陕西省财政厅长,有政声,颇为时人所重。

三十年代初,秦德纯任北平市市长,闻其贤而多才,乃举荐其为北平市府秘书长兼财政局长。周昼夜操劳,案无积牍,撙节开支,力戒奢侈,崇尚正义,根除陋习,居中南海迎春堂,轻车简从,平易近人,尤自奉清廉。以风云陡变,乃回籍家居。有人曾以古人“一身正气,两袖清风”一

联相赠,不啻周之生动写照!

“七七”事变后,家乡沦陷,蛰居周村二十里堡,手头拮据,生活多赖亲友同乡接济。时唐仰杜任伪山东省省长,曾一再央人劝其继任伪省教育厅长,并三请日本人游说,周不为所动,且大义凛然,严词拒绝,并云:宁饿死也不下海,岂可为列祖列宗及子孙万代羞。

1946年春,我在山东省社会处曾一度负责救济工作,并奉命组织山东省赈济委员会,聘请当时本省中外名流及社会贤达为委员,周即为被聘委员之一。每有开会,必准时出席,并畅抒己见,有“赈款和救济物资中的每一分钱、每一粒米、每一件衣物,必须及时发放到每一位急待救济人之手,不得有丝毫疏忽,否则要追究责任”等语,迄今记忆犹新。

秦虹云与江青

徐北文

秦虹云,原名鸿云,1928年在泰安县参加赵太侔先生领导的话剧活动。次年赵在济南创办山东省立实验剧院并任院长,虹云亦随之赴任。当年江青投考剧院时尚稚弱无知,实赖虹云之力而被录取。虹云之妹少英亦与江青同时入院,女生仅四五人,虹云因少英的关系,平日对江也多有照拂。江青当时体瘦腿长，宛如鹭鸶，风韵未具，且行动快捷，外号叫“兔子”，但聪颖不凡，逐渐引起师长们的好感。院长太侔是先父的北大校友，性情内向，常终日不发一言。1930年剧院解散，赵应北大校友杨振声先生之聘，到青岛大学任教务长。江青随同前往，在该校图书馆作雇员，间或旁听中文系的课。

虹云到了上海，最初演无声电影，后来有声片《春潮》问世，其阵容号称“八大明星”，虹云名列其中，已颇有些小名气。不久，江青因领导她的青岛大学物理系学生、青岛地下党宣传部长俞启威被捕，也离青赴沪。虹云以同事、同乡之谊，在沪对她也时加关照。及至江青走红时，虹云却已离影坛返济，在民众教育馆任职。

沦陷时期，江青远在陕北，其在济之老母又是由虹云照顾，因此，两人情谊甚厚。

1948年济南解放，我随华东大学迁驻济南，我和王炼(现在上海，《枯木逢春》等剧的作者)一同在该校演出委员会负责。为了招收演员，我俩曾找过虹云。他当时无业而又生活困难。我们是供给制，不能养家，他表示难以应聘。1949年春，虹云忽然兴致勃勃地来了，进门就说“江青来了”。原来江青之母病故，虹云帮其兄干卿料理丧事，江青亦来奔丧。据虹云说，她来奔丧，政府只补助北海币一百万元(当时的北海币，每一万元仅抵人民币一元)，并说她是乘吉普车到家的。虹云对此啧啧慨叹，认为共产党果然廉洁、平等，堂堂主席夫人奔丧，竟如此普通平常，报纸连条消息也不发。如果在旧社会，主席岳母治丧，还不轰动整个济南城!但是，他仍抱着传统观念，以为“朝中有人好做官”，向我们说：“丧局上不好细谈，她住在军管会(原德国领事馆，今市政府)，我明天去找她。我想到北京，起码也得在国立戏剧学院谋个好职位。我要是负责一个团体，想请你们二位(指我和王炼)去帮忙，务必俯就。咱们在北京要好好施展一番。”言下大有未来的院长或团长非他莫属的架势。

过了两天，虹云又对我说：“我去见江青，她住在军管会靠院墙边一座楼上，正逢上她手提一壶热水上楼，准备洗发。啧啧，主席夫人也要亲自打水。我告诉她给我谋个差事，当然不能是供给制，我还要养家。她一口答应，让我写了一个履历留下。”后来虹云果然有了工作，不过不是任中央戏剧学院院长之类，而是安排在济南市文化馆任职员，按留用人员待遇，享受薪金制。当时的政策，凡是旧职员，到当地政府登记后，一律分配适当工作，江青只是照政策替他办理了登记而已。原民众教育馆馆员，安排文化馆馆员，恰如其分，虹云不无失望。

秦虹云在“文化大革命”之初已经退休。我以“老牛”之身份，在道上俯首拖煤车时，曾遇见他，但只能行注目礼以代招呼。正值江青如日中天，不可一世之时，他的文化馆一位同事告诉我说：“秦二爷(指虹云)死了。他最近到北京去上访江青，受到热情接待，大过酒瘾，不幸酒后突然而死。到底是江青啊，竟为一个二十级退休干部在北京开追悼会，秦二太太也被请到北京去了。居然埋在烈士陵园。"我听后颇觉得葬礼有些破格，不是老革命或高干，在济南是没有葬入烈士陵园的资格的。不久我碰到戏剧界一位旧友，才知道葬在北京八宝山。他贫困一世，死后尚够得上"哀荣"二字。

僧格林沁之死

王先进

中国近代史资料载，清同治四年(1865)，僧格林沁追击捻军，爬山越岭行军疲劳，为捻军张聪愚所乘，被杀于菏泽城西一空堡中。其实非是。我是菏泽市城西北李庄乡王刘庄人。当时黄河决口，我家为避水患，移居菏泽市西北十八里吴店村，离僧格林沁死处不过数里之遥，我伯父、父亲都曾登寨观望，故知之甚审。

当时已到捻军末期，张聪愚(外号小阎王子)率残部从河南周口一带往东北转移，行至高庄集北发现黄河决口，分为数道流往东南，与从开封东北流向的黄河成三角状。张聪愚多骑兵,水深难涉，又无船只，恐僧格林沁乘其半渡而击之,不得已回兵迎击。僧格林沁认为张聪愚已无抵抗能力,在步兵大队未到之前,乃只带少数骑兵放心追击。忽遇张奋力反扑,猝不及防,两军遭遇于离吴店不过三四里路的葭密寨以北的麦田中,一时枪炮齐鸣,僧格林沁兵少,遂即败绩,退入葭密寨。张聪愚把他团团围住,并未进攻。僧格林沁找一空旷处,与随行人员共坐。从中午到第二天拂晓,人多困倦昏睡。时有僧格林沁一个侍卫叫桂三,兄弟二人原都是捻军头目,因战败投降僧格林沁。僧格林沁以其骁勇善战,用为侍卫。后因桂三的哥哥犯纪,为僧格林沁所杀,桂三怀恨在心,见僧格林沁伏案而睡,乃向僧格林沁头部猛劈一刀,僧格林沁当即毙命。桂三乘机大呼:“捻军已进寨了。”清军闻声多弃马越寨而逃。僧格林沁的其他卫兵用绳将僧格林沁的尸体捆在马上，簇拥往东北逃窜，捻军随后追赶,约四五里路,至吴店西门,见清军开炮,“八里嗡”(大炮名)大炮放了两响,西门外两行杨树上树叶中砂弹纷纷落地。捻军见此情景,始停止追击。战后我伯父曾察看战场,此是他亲口告诉我的,时在1929年。

清朝官吏为了躲避责任,谎奏“曹州民变,故僧王罹此灾难”。并请清洗所谓“曹州刁民”。清政府怕激起民变,派员私访,见秋收以后百姓正拉耧耩麦,遂不再问。

石金声贪心遭“报应”

宋德圃

清末民初，山东博山的石金声，赫赫有名，然其贪心过重，下场可悲，莫非天网恢恢，疏而不漏者乎！

石金声，字骏卿，城里县前街人。居官后，其新建道台府，横跨县前、马行两街，楼台亭园，颇为富丽，建造之精良，不下孙廷铨之相国府第。此人是清末光绪癸卯科进士，是个道道地地的封建士大夫官僚。他善于钻营，民初任山东劝业道、黄河下游督办等要职时，贪扣治河拨款，不数年家资巨万，遂广置田园，大兴土木，顿时竟为博山富豪之首。其子石玉垚，刻薄成性，骤得疯癫之疾，十冬腊月，身穿狐皮绸袍，尝于三、八大集，至孝妇河畔集市中心，下河搅水，大呼曰：“捞银元啊！”市民见之，无不拍手称快。民国7年，石金声被护国军惩办而死，其子妻妾多人，均无出，遂绝嗣，博山人均以因果报应讥之。此事为先父亲眼所见。因果报应云云虽不科学，然应为居官不廉者鉴戒！

靳云鹏过年推磨

萧鹤声

靳云鹏原系山东邹县人，清咸、同年间，其祖父携眷逃荒至济宁做小生意，其父则开磨房为生，母亲摊煎饼贴补家用。靳云鹏十六七岁就成为家中主要劳力，挑水、淘麦、铡草、喂驴，早起晏睡，艰辛勤劳。但由于清末天灾人祸频仍，商业凋敝，农村破产，靳家磨坊也债台高筑，实在无力支持，只得累账歇业。靳云鹏不能眼看一家九口坐以待毙，托人介绍到南关柳行张家磨坊当了伙计，一吊多钱的工资对家庭不无小补。一年后，这家磨房也歇业倒闭。靳云鹏走投无路之际，才踏上"补名当兵"之路。由于他聪敏、认真、忠实，便平步青云，成为段合肥(祺瑞)门下"四大金刚"之一。

1912年(民国元年)，靳云鹏由北洋政府授陆军中将衔，率军驻山东，历任师长、山东都督、泰武将军(督理山东军务)。1919至1921年，两次受命组阁，出任国务总理，可谓官高爵显。卸甲为民后，寓居天津英租界。但靳从不隐讳其出身贫穷，家中安了一盘石磨，每逢正月初一，亲率全家老小推磨摊煎饼，以示不敢忘本之意。晚年皈依佛门，吃素诵经，放生戒杀，乐善好施。但

吃素长了往往嫌菜馔清淡，厨师便背着他用鸡汤调味。别人来求“墨宝”，他就在一张宣纸上写一大“佛”字相赠。笔者幼年时，曾见到其墨迹悬于一同学家中。

吴佩孚的一阕《满江红》

位兹泉

二十年代初期，北洋军阀中赫赫一时的，要算吴佩孚了。他在直皖战争中打败段祺瑞，在第一次直奉战争中打败张作霖，还支持曹锟当上总统。他自任直、鲁、豫巡阅使，兼理两湖巡阅使，把大本营由保定移驻洛阳，真是“洛阳虎视，八方风雨会中州”了。就在这一期间，1923 年他庆过五十大寿，曾回过故乡山东蓬莱。

在故乡时，一日，他带领几个从人登上蓬莱阁，隔海遥望东北，即景生情，写了一阕《满江红》，词曰：

北望满洲，北海中风潮大作，想当年，吉、江、辽、沈人民安乐。长白山前设藩篱，黑龙江畔列城郭，到而今，外寇任纵横，风尘恶。　　甲午役，土地削，甲辰役，主权堕！叹今朝江山如故异族唆啰，何日奉命提锐旅，一战恢复旧山河？愿吾辈决心齐努力，莫蹉跎！

这首词后来经人谱上曲子，在学校、军队里教唱。我在小学学习和后来受军事训练时，都学唱过。

陈延年、陈乔年之死

张影心

陈延年，1899 年生于安庆。母高氏，为陈独秀之原配夫人，1902 年又生乔年。二人幼年皆在祖父陈昔凡先生膝下度过。初读私塾，聪慧过人，祖父称之谓："此吾家两颗明珠也。""五四"运动前一年，陈独秀携之至上海，宿于《新青年》发行所，皆以劳动自食其力。后赴巴黎勤工俭学，皆入党。1923 年又同赴莫斯科，入东方大学，时我亦在该校，与其同学。

延年 1924 年回国，去广州，领导省港大罢工，任两广区委委员长。"四一二"政变后，任江浙区委书记，当选为中央委员、政治局候补委员，与陈独秀机会主义做过坚决斗争。同年 6 月，在上海被逮捕，惨遭杀害。

乔年 1924 年回国后在北京与李大钊一起工作。1926 年"三一八"惨案，乔年与李大钊皆参加，乔年胸前为军警刺刀刺伤，几及心脏，衬衣全被血染，即入医院治疗。愈后，调至上海，任江苏省委组织部长，当选为中央委员。1928 年春为

国民党反动派逮捕,在上海龙华英勇就义。

二人性情各异:延年沉着内向,寡言少语,被捕后惟求速死,任敌百般拷打,不吐一字。而乔年生性开朗达观,当审讯时,他直言不讳为独秀之子,并历数蒋介石之罪恶,骂其无耻。就义时尚高唱《国际歌》,面无惧色。

李大钊长联悼孙文

袁静波

早在 1924 年 1 月 20 日,孙中山领导的中国国民党在广州召开第一次全国代表大会,到会代表一百五十六名,其中就有共产党员李大钊等人。孙中山发表大会宣言,重新解释《三民主义》,确定联俄、联共、扶助农工的三大政策,从此宣告了革命的统一战线正式建立,实行了第一次国共合作。

1925 年 3 月孙中山先生在京逝世后,李大钊同志以十分悲痛的心情亲撰长联,悬于追悼会上,以志悼念。长联如下:

上联:

中山先生冥鉴

广东是现代思潮汇注之区自明季迄于今兹汉种子遗外邦通市乃至太平崛起类皆孕育萌生于斯乡先生挺生其间砥柱于革命

中流启后承先涤新淘旧扬民族大义决将再造乾坤四十余年殚心瘁力誓以青天白日满地红旗唤起自由独立之精神要为人间留正气

下联：

　　中华为世界列强竞争所在由泰西以至日本政治掠取经济侵凌甚而共管阴谋争思奴隶牛马我家国吾党适丁此会丧失我建国山斗云凄海咽地黯天愁问继起何人毅然重整旗鼓亿兆有众惟工与农须本三民五权群策群力遵依牺牲奋斗诸遗训成厥大业慰英灵

李大钊敬挽

张宗昌祸鲁歌谣

刘玉澄

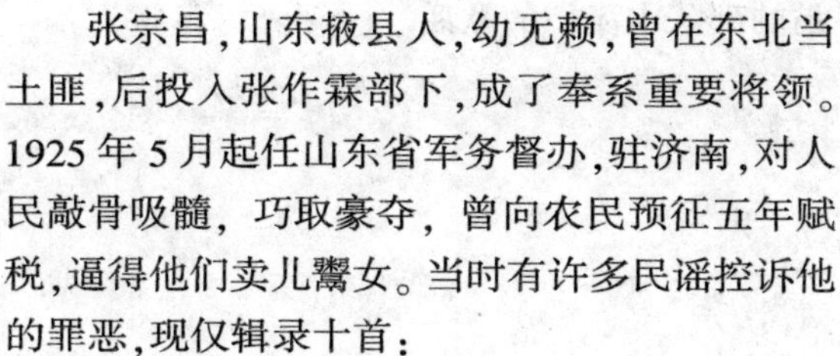
张宗昌，山东掖县人，幼无赖，曾在东北当土匪，后投入张作霖部下，成了奉系重要将领。1925 年 5 月起任山东省军务督办，驻济南，对人民敲骨吸髓，巧取豪夺，曾向农民预征五年赋税，逼得他们卖儿鬻女。当时有许多民谣控诉他的罪恶，现仅辑录十首：

一、张宗昌，坐济南；

　　抓洋车，拉洋面；

不给钱，挨皮鞭。

二、张督办，坐济南，也要银子也要钱。

三、鸡纳税，狗纳捐，谁要不服把眼剜。

四、霸占民女抢人妻；

强奸妇女把人欺。

五、军用票，不值钱，拿着银元换；

买东西，谁不要，就把脑袋砍。

六、会说掖县话，就把洋刀挎。

七、老乡见老乡，两眼泪汪汪；

你是皮槌队，俺也没有枪；

身穿二尺半，都是破军装。

八、张小二，戴草帽（宗字）；

不到二日（昌字）就拉倒（垮台）。

九、也有葱来也有蒜，锅里煮的张督办；

也有蒜来也有姜，锅里煮的张宗昌。

十、老乡见老乡，两眼泪汪汪；

你拿小舅子褚玉璞，我拿老丈人张宗昌。

(这是河北省督办褚玉璞和山东省督办张宗昌的部队中流传的歌谣。)

张宗昌强“借”房租

严薇青

张宗昌祸鲁时期，除明文规定的正式税收外，还增加许多苛捐杂税，并滥发“军用票”，强迫老百姓使用。军人拿军用票买东西时，商店找钱必须付现金。商店明知这是一张废纸，但谁也不敢拒用，结果不仅赔出东西，还要赔出现金。就是这样，仍然不能填满张宗昌的欲坑，于是有人给他出谋划策：向济南的房业主“借”房租。

房业主亦称房产主，即北京人所说的“吃瓦片的”。这种人也有几个层次：有的拥有大量房产，生活优裕，举止阔绰，如当时济南西关金姓，在普利街(旧名柴家巷)、筐市街一带置有很多铺房，租赁给面粉厂、茶庄、钟表店等商号；在济南开辟商埠时，又租下大量地皮，盖房出租，有“金半城”之称。有的中产人家在繁华地带有一两处铺房出租，虽然没有正式职业，全家也可以依房租过活。还有的孤儿寡妇，在自己家中腾出几间住房出租，以此维持生活。张宗昌“借用”房租，实际上就是直接从租户手里强行劫取上述房业主的房租；而且不但对于私人，即使是群众团体(如当时的历城慈善事业公所) 中为增加活动经费而出租房屋者，也不得幸免。这种强借，对少数拥有大量房产的人，威胁不大，他们有历年积蓄，而且手眼通天，可以设法免“借”或少“借”。至于中产人家以及孤儿寡妇等确实依靠房租过活的人，自不免叫苦连天，有的甚至寻死觅活。但处在淫威之下，亦无可奈何。而张宗昌及其爪牙对此却熟视无睹，充耳不闻。一连“借”了两三个月，方才作罢。

韩复榘误打学生愿自罚

马节松

某年秋季的一天上午，山东省府(现珍珠泉)门口影壁上贴着一张布告：招考高级侦探。被录取者先在省府受短期训练，再分派到各县去任公安局长、政务警长，或到其他机关任职。有一考生名曲宝庆，多次前来细看布告，引起站岗士兵注意，命他没事快走开，结果双方争吵起来。站岗的上前踢了曲一脚，曲也还手打了站岗的。正在这时，韩复榘出来了。韩平常穿一身布军装，没有任何特殊标志，常这样出外走走，这也是西北军的一贯作风。门岗认识他，都不敢说话了，曲宝庆余怒未消，仍大叫大嚷。他不知道出来的这个人就是韩主席，韩也没想到他是来报考的，认为他太放肆，过去打了他一个嘴巴，命令把他关进军法处临时看守所。晚上军法处长史景州照例来询问在押者，到了曲宝庆跟前一看认识，感到很奇怪。原来史景州好打篮球，经常带着三路军总部球队与一师、高中球队赛球，曲是一师球队中锋，史和他很熟。史问明原委后便向韩复榘汇报，并说："在运动会上主席还给他发过奖。"韩一听，说："我以为他是咱里边的人哩！怎么办？我还打了他一巴掌。"史说："主席打个电话叫他们校长把他领回去吧。"一师训育主任李拔夫到省府见韩复榘，韩对他说："很抱歉，我打了你的学生，还关押了他。我不对，或者叫他回打我一巴掌，或者我受罚。"李说："哪有打主席的道理，主席也不要受罚，曲宝庆上学，家庭很困难，主席可以补助他点费用。"韩说："罚我五百元钱，可以吗？"说着便命人拿来五百元给训育主任，叫他把曲宝庆领回学校。消息很快就传遍了各校，谓曲"挨了一巴掌，得了五百元"。

韩复榘自违"新政"

何树瀛

1930年韩复榘主鲁后，鼓吹"吏治革新"，先后颁行了县科局长以上职务"面验委任制"、"政府公职人员佩带徽章制"、"区乡镇长轮训制"、"禁烟禁赌禁嫖制"等等，并为推行上述"新政"

制定了一系列严刑酷法。据说，韩复榘的这些“新政”对抑制国民党某些地方官吏的腐败作风，确乎起过一定作用，韩本人也以“韩青天”自誉。但是1932年发生的一件事，却败坏了“新政”的名声。当时，韩复榘在汶上县司法机构安插有一名亲信洪法官，此人不学无术，惟利是图，且吃喝嫖赌抽大烟五毒俱全。他倚仗其夫人与韩有亲戚关系，公然置韩之“新政”于不顾，吃喝嫖赌抽而外，还肆意向诉讼者敲诈勒索，在汶上人民中激起强烈公愤。1932年7月某日，县农会干事长刘起等突然闯进洪法官卧室，当场缴了他的烟枪，并于其后派郭连方、潘振山等六人赴省政府控告其罪行。韩复榘不仅不予审理，反以“诬告”为由，喝令对赴告者严刑拷打，并绑置烈日下暴晒至昏倒，而后关押迫害月余之久，致使其中两人上肢伤残，一人回家不久即气断身亡。更为可气的是，那位洪法官不仅逍遥法外，作恶有加，而且很快被提拔至济南附近，做了省城郊区县的县太爷。

曹县长趣断鸡案

马节松

韩复榘主鲁时，手下的县长中有四大金刚：高密县长曹孟九，韩入伍时的班长；聊城县长孙桐丰,二十师师长孙桐萱的胞弟;德州县长李树德,韩的大太太高艺珍的干儿子;东阿县长魏汉章,与韩共患难的老部下。

曹孟九读书不多,在西北军任过下级军官,依韩的关系,任过曲阜、平原县长,为人豪爽,喜受恭维。他任职高密时,我适在山东盐务税警局任第五队队长,与他有过交往,其趣断鸡案一事系亲耳所闻。高密城关逢五、十大集,四乡农民纷至沓来。一次一农妇篮提一鸡赶集售卖,不意鸡挣脱捆缚跑入一家店内,店主即刻用筐扣住,据为己有。农妇索鸡,店主抵赖,并硬叫农妇拿出证据。有个常到店里混茶喝的二流子青年恰好在场,极力为店主帮腔,证明鸡是店家的,农妇闹鸡是有意讹人。正争吵时,曹县长走了过来,查明纠纷之后,说:“我来问问。”先问农妇:“鸡真是你的吗?”答:“是。”再问店主:“鸡是你店里的吗?”答:“是店里喂的。”又问二流子青年:“你怎知道鸡是店里的?”答:“我常来玩,认得这鸡。”又问店主:“你说鸡是你喂的,今早晨你喂的什么?”店主胡答了一气。又问农妇:“你的鸡,你喂的什么?”农妇答喂的红高粱。曹县长当即令人把鸡杀了,取出嗉子验证,果是红高粱。曹县长当场公断,对农妇说:“官司你赢了,给你两块钱,鸡拿回家煮煮吃了吧。”对店主说:“鸡明明不是你的,你欺压妇女,讹人东西,愿打愿罚?愿打,揍四十鞋底;愿罚,拿出两毛钱。”当时围观的人都觉曹县长理事很怪,店家也难测就里,以为两毛钱很便宜,便答应愿意受罚。曹

叫卫士拿这两毛钱，到集上买了半碗蜂蜜来，又令卫士将掌柜按倒，扒下裤子，把蜂蜜倒于其臀部，然后叫过那个二流子，命令说："你不是好舔腚吗?你给我把店掌柜腚上的蜜舔净，不然我揍你一百鞋底!"此事审得明快有趣，在集上阵风似的迅速传开。

郑继成刺杀张宗昌

马节松

郑继成，山东历城人，郑金声之侄，因金声无子，即成为他的嗣子。郑金声于辛亥革命时曾与冯玉祥、王金钰等发动过滦州起义，后依附于冯。国民革命军北伐时，冯任第二集团军总司令，郑任冯的总参议，1927年11月在山东曹县，其部下姜明玉叛变，将他押送济南，为张宗昌所杀害。1932年秋，郑继成于济南津浦车站刺杀了张宗昌替父报仇，轰动一时。1938年，郑在第一战区游击总司令部任参议，我在总司令部任军政视察员，彼此很熟悉，曾谈及此事。记忆所及，笔述如下。

张宗昌祸鲁三年，其统率的直鲁联军被消灭后，潜居北平。这时日寇已占我东北三省，正虎视华北，汉奸殷汝耕受命组织冀东伪政府。宋哲元奉蒋介石之命建立冀察政务委员会，并出任委员长。韩复榘与宋均系西北军,韩去平谒宋哲元,张宗昌得知后,设宴请韩。酒宴中闲话,张表示有意回家扫墓,韩说如回家,自当尽力保护。张宗昌认为有机可乘,于 1932 年秋以扫墓之名来济,观察情况。当时日寇正尽力拉拢军阀残余势力,到处活动,张原为日人走狗,此次返济是有所图谋。韩探知此事后极为不满,遂起杀张之意,但要名正言顺,故借郑替父报仇之机而杀之。但郑不承认受韩指使,只说为父报仇,韩十分同情,因其父也是韩的老上级。张得知情况不妙,故决定不回原籍,托母病急速返平。临行前石友三设家宴为他饯行。席间石把玩张的双背剑手枪,连声称赞,爱不释手。张即将手枪赠与石。这似一预谋。当晚九时许,石友三等到火车站送行,张在站台和他们话别,石等方离开站台,郑继成即带两人向张开枪。张大惊失色,即沿站台向西逃跑,至纬五路货场站内道轨时,被击中倒地。郑等追上又向张胸部击两枪,张被抬出站送济南医院时已死。第三路军总部驻站缉查处主任是韩手枪旅军法主任刘佩芝,事发时我正在他办公室和他闲谈。听到站内一阵大乱,我问他什么事,他说管他的!后听说是郑刺杀了张宗昌,我和刘跑到现场,见张尸方被人抬起。

梁漱溟设茶会乡绅

郭蒸晨

三十年代山东乡村建设研究院在邹平县建立初期,梁漱溟先生只有四十来岁。尽管有山东省主席韩复榘支持，但地方上有几位乡绅对他并不服气。他们凑在一起私下议论,免不了对梁漱溟先生有讥讽之言:“四十来岁年纪，不知能不能断开四书的句子?”“说不定是欺世盗名之辈! ”有些话渐渐传到梁漱溟的耳朵里。

一天，梁漱溟先生特意邀请这几位老先生来研究院谈话。这几位先生自恃满腹经纶,有的还能将《论语》倒背如流,听说梁先生相请,自然袍帽整齐地早早赶来。梁先生以礼相待,在他的办公室——东关天齐庙里备茶招待。几位老先生以四书五经、宋明理学请教,借以试探梁先生的学问。梁引经据典,对答如流。不多时,几位老先生对国学已颇感词穷。梁又与他们谈西方文化的特点,以及中、西学和印度文化的异同。这几位老先生身居乡间,自小接受的是儒学教育,只懂点四书五经,对科学、民主、“个人本位”等等,全然不知。临走,一位老先生向梁先生深深鞠了一躬,说:“与君一席话,胜读十年书。今天与梁先生见面,果然、果然。我六十多岁,还要请梁先生为师，愿梁先生不弃！”

日本将病蜂倾销华北

秦在简

1930至1932年，日本养蜂业所养意大利蜜蜂，因连年患蛹腐病，面临全殁的危险，他们不顾商业道德，通过青岛、天津港口，秘密向我华北各省转嫁倾销，仅济南市区购买带病蜂群的就有一二百家。如每群售价十元，按五万群计算，即达五十万元。那时每袋面粉不过二元，这笔钱可购面粉二三十万袋。

意大利蜂种体型较大，活框饲养，能随意转移到蜜源植物开花地区，追花采粉，每群产蜜量可达三十至六十斤，蜜质纯净。日本引入意大利蜂种后，获利颇丰，但未注意选育抗病的品系，又忽视防病，加之气候潮湿，以致蛹腐病大流行。当时除全箱烧毁、杜绝传染外，别无他法。日帝借侵入我国东北之势，强销日货，把带病蜜蜂大量运入华北。他们刊布虚伪广告，吹嘘：蜜蜂适于家庭饲养，每群当年可采蜜五十斤，并分蜂二三群，不需场地、饲料、工人等等，以诱骗推销。于是民间群起养蜂，最高价格每群达三十元，多者买十群二十群，有的连买两年。结果是蜂群死光，只剩一只空箱。买蜂的人并不知道上

当的原因,又羞言自己盲目崇外,认为洋蜂不适于当地气候,只好自认晦气而已。数年之后,始闻日本各大养蜂场把染病蜂群外销净尽,并另换抗病蜂种矣。

洋马暴死之谜

孙柏森

潍坊市坊子某街有一老修表匠,抗战期间颇多经历见闻,今简录其口述洋马暴死一事如后:

日人投降后,其在华的所有财产由我国接收。日军在坊子北大营所养四十余匹东洋马,个大体壮,咆哮嘶鸣,很是威风。接管后,我方即派人细心喂养。孰料日人走后二十余天,洋马渐渐不食草料,精神萎靡。开始以为喂养不当,岂知不几天,马匹接连死去,十几天后全部死光。此事一时传为谜闻。

后经细心检查,发现马尸上突起一个个肉瘤,切开肉瘤一看,其中全是极细碎的玻璃末。原来日人在交马之前,几天不给马饮水,至马渴极,则将玻璃研碎,放入水中,边搅边饮,如是多次。交接之初,群马如故,不久即生病变,以致丧命。至此,洋马暴死之谜始真相大白。日寇之狡猾狠毒由此可见。

近读报章，亦有接收日军军犬，未及驯用相继暴毙之事，系日人饲以慢性毒药所致，盖与此相类也。

日本人策划的一次谋杀

陈松青

1937年7月7日，日本帝国主义发动了侵华战争，处于海防前哨的青岛，随时可能遭到进犯，市长沈鸿烈当即采取紧急备战措施，免去年老怕事的王泽时的公安局长职务，任命敢作敢为的少壮军人廖安邦为公安局长。廖接任局长伊始，路透社记者来访，问："廖局长将采取什么措施，应付当前局势？"廖答："我是军人，现任地方保安官员，守土有责，自应积极备战，克尽天职，誓与青岛共存亡。"

8月14日，日本人制造了德县路事件，故意令日本浪人在德县路上枪击两名日本海军，致以一死一伤，意在嫁祸于我，进行军事讹诈。市长沈鸿烈即令廖安邦负责青岛全面防务，指挥军警迎敌作战。廖安邦临危不惧，坚定果决，迅速作好应战部署，严阵以待，日军未敢贸然进犯。

当时青岛为条约所限，不驻中国陆军，只有五个公安分局，共有警察两千多人。为了适应战

时需要,将全市警察编为五个大队,各大队的编制训练,完全按陆军标准,每大队配给马三匹。在青岛买马不易,只从停业的跑马场购得二十余匹,尚差半数。12 月 30 日廖安邦在市局召集各大队长会同研究有关防务布置及撤退等事宜时,跑马场又送来三匹白马。廖安邦出来一看,见这三匹白马膘情体形均佳,鞍辔齐备,便说,牵过一匹来试试,送马的人随即牵过一匹马来。廖安邦自恃对于马术下过一番工夫;况这马又不是生马,认为不难驾驭。讵料,廖一跨上马背,这马前蹄腾空而起,接着就是乱蹦乱跳,左转右旋。廖安邦使尽所有力量也没有把这匹马驯服,当即被这匹马摔出一丈多远,顿时奄奄一息,幸抢救及时,未至丧命,可是由于大脑受到严重震荡,已不能继续工作。据说:日本特务为了要害死廖安邦,选了这三匹马,给其中一匹最好的马注射了一种药物,预计送来之后,在廖安邦试骑的时候,药性发作,马必疯狂,一定会摔死廖安邦。12 月 31 日,沈鸿烈率军政人员撤离青岛,因而未及调查追究。

1938 年 1 月 10 日,日本侵略军占领青岛之后,宣称:那匹马拯救了青岛市民,若非那匹马把廖安邦摔坏,实战之下青岛将成一片焦土。遂把那匹马送到中山公园里饲养,称为神马,后来那匹马死了,还在埋马的地方立了一块石碑,上书"开源忠魂"四字。"开源"是那匹马的名号,"忠魂"是日本人对那匹马的褒扬之词。这正是日本侵略者所施鬼蜮伎俩的自我招供。

青岛受降纪实

陈松青

1945年日本投降后，青岛的日军，由军政部特派员陈宝仓中将及美海军陆战队第六师师长谢勃尔少将在青岛受降。10月25日，日军投降仪式在汇泉湾畔的赛马场举行。场中央搭一受降台，插着中美两国国旗，长方桌上摆放着降书和文具。桌后有两把座椅，是陈宝仓与谢勃尔的主座，主座后面有座椅三十二只分为两排，以备参加仪式的中美高级官员就座，台上左右两侧设特别来宾席。台下正前方置一桌，用以摆放日军投降代表呈献的战刀；右前方为新闻记者席，左前方为日军投降代表立候之处。会场四周有梯式看台，军乐队排列在会场中央。警戒由美海军陆战队第六师担任，左右各列武装步兵三队，坦克四十余辆，卡车二百余辆，榴弹炮四十门，战防炮十五门，装甲车通信车二百余辆，军容严整，威风凛凛。我时任山东挺进军十九纵队参谋长，作为驻军单位代表本应在看台就座，因青岛公报采访部主任于滋秀是我好友，代我向美军报道部要了一张采访证，得以就座记者席。

受降开始前，青岛市民陆续进入会场，看台

上人山人海，万头攒动。11时军乐队奏乐，陈宝仓、谢勃尔分别乘车进入会场，亲切握手，相偕就位。中美方一批将校官佐，青岛市长李先良及各局局长，国民党青岛市党部主任委员葛覃，书记长熊复光及各委员，亦相继入席。日军降方代表第五独立混成旅团长长野荣二少将等十一人乘盟军汽车来到会场，下车后，由美宪兵引导至受降台前。受降仪式开始，会场上掌声雷动。军乐队高奏中美两国国歌，全场肃立。国歌声落，长野荣二解下所佩战刀，捧上受降台，向陈宝仓、谢勃尔鞠躬，呈献战刀，其他十人同时解下佩刀，鞠躬呈献，摆在桌上，会场上再次响起雷鸣般掌声。献刀完毕，长野荣二在十份降书上一一签字，陈宝仓、谢勃尔亦签字。每份降书共十一页，前三页为英文，后八页为日文，均用白道林纸印制，封皮为黄色硬板纸，上有蓝色小花，极为精致。签字毕，长野荣二手捧降书，恭谨退下，会场内掌声久久不息。军乐队奏美海军陆战队赞美曲。下午1时仪式完成，长野荣二等人由美宪兵引导退出会场，由盟军汽车送回原驻所。仪式中，美空军五十七架飞机分六个中队编队在会场上空盘旋。

长野荣二献刀时神情黯然，签字时手颤不已，貌似恭谨，内怀仇恨。其他人，有的垂头丧气，呆若木鸡；有的神情沮丧，故作镇静；有的神态桀骜，表情抵触。

参加受降仪式的记者，有我方十余人，美海

军陆战队情报部十余人，还有美联社和芝加哥论坛报的记者。

日军投降单位：第五独立混成旅团及其指挥下的野战汽车旅团第二十一联队第三中队；华北野战汽车厂济南支厂青岛办事处；华北野战兵器厂济南支厂青岛办事处；华北野战物资厂济南支厂青岛办事处；第四十三军经理部青岛办事处；第二船舶输送司令部临时青岛办事处；青岛宪兵队；第二二六飞行大队；第一六五兵站病院；第四警戒小队；第十五野战航空修理厂；车站司令部，第四野战邮政局。

受降仪式是受降工作的开始，继即收缴日军的武器、军用物资及各种军事设备。经过认真调查，搜集罪证，我方确认有岩册力男等三十六名日本军人犯有各种罪行，予以逮捕，解送第十一战区司令长官部军事法庭。曾任第五独立混成旅团长的内田银之助，1941 年至 1943 年率部在诸城、高密、昌邑、蒙阴、临沂、平度、安邱等地与我军作战，纵兵杀戮手无寸铁的平民，大肆焚烧村舍，亦于济南逮捕解送军事法庭。至 11 月上旬青岛地区受降工作基本结束。

采访日本降将长野荣二

陈松青

青岛受降仪式后的次日上午，我随于滋秀到战俘管理所，采访日军降将长野荣二。负责监管的美军宪兵陪同我们一起走进长野荣二的住室。长野荣二肃然起立，神态恭顺。然对答却颠倒黑白，强词夺理，纯属强盗逻辑，充分表现出日本军国主义分子的侵略成性，贼心不死，今立此存照，以作铁证：

记者问："你是否对中国仍怀有敌意？"

长野答："不怀有敌意的，日本人从不认为中国人是敌人。"

问："日本为什么侵略中国？"

答："日本进兵中国，是因为中国人反对日本，日本之所以要进兵中国，就是要以武力促使中国人同日本亲善，与日本提携。日本不想侵略任何国家，只要解放东亚，以求东亚共荣，而决无侵占领土之意。"

问："日本占领中国东北四省，不是事实吗？"

答："那是满洲国，并不是日本人的满洲国，日本人在那里只是帮助满洲国建设王道乐土。"

问："满洲作为一个国家，它是否确实拥有

独立自主的权利?”

长野语塞,俯首沉吟,最后回答:“我们是战败者无话可说。”

汉奸汪精卫的殡葬

秦在简

1944年11月10日，伪南京政府主席汪精卫病死于日本名古屋。日敌以飞机运汪尸回南京，由汪妻陈璧君以国民党中央委员的身份主持丧葬。当时,日敌败象已现,伪奸濒临末路,因即匆匆葬在南京。殡前一日傍晚,伪府各机关始行宣布,并安排送殡人员。凡着中服的,须穿蓝袍,外加黑马褂;凡着西服的,限蓝灰黑色,扎黑领带;组织成行,不许外人擅入,不许乱说乱走,葬于何处亦不许声问。翌日黎明,各在本单位近处路口集结,待送葬队伍走来,整队加入,各机关都有宪兵监督。所经大街五步一岗，十步一哨,行人车辆一律回避。没有学生和工人参加。汪的尸棺由马拉炮车承载。送殡行列越走越长,默默地各想各的心事。走出中山门,始知明孝陵前的土山上即是葬处。行列中有些当地人开始喁喁私议:“埋在了孙权的脊背上。”原来,明朝皇帝朱元璋向徐达索要紫金山前他已看好的墓穴,作为自己埋骨之地,建为孝陵时,陵前有个

土岭，施工人员计划削平，有人提出那是孙权的坟。朱元璋问："孙权是谁?"在场的人回答："是三国时代的吴主。"朱说："他也是个好小子，留他给我看大门吧！"于是，去掉墓碑，改筑为圆形土山。汪妻不知此说，认为葬此高阜可与孙中山陵并排相望。墓穴用水泥建成坚固地宫，以防破坏。褚民谊特购来几百株梅花栽在土山四周，并在山上建五楹长廊，作为景观。第二年8月14日，日皇宣布投降，国民政府还都不久，蒋介石即下令将汪坟炸毁。

为革命老人范明枢选择墓地

王润身

曾任山东省参议会议长的泰安籍革命老人范明枢，一生为国为民做出了巨大的贡献，1947年10月2日病逝于山东乐陵县，享年八十一岁。1950年2月移葬于泰山南麓，为他选择墓址的是十二年前在他帮助下参加抗日的刘端同志。

范老遗骨移来泰安时，刘端正担任泰安县县长。他与夫人经过深思熟虑，将墓地选在泰山南麓普照寺南、环山路北，距云门和三笑处很近。他们认为这有三层意义：(1)当年，范老在天外村、王家庄、樱桃园等地办了十多处武训小学，其中，云门南侧道西是他创办的第一处小学的校址，在这处小学开学那一天，作为小学总校校长的范老曾和名誉校长冯玉祥将军站在普照寺南的石阶上亲切迎接贫苦儿童入学。墓地选在这里，是为悼念范老育人的功绩。(2)范老生前最喜欢到三笑处散步，在此观赏泰城的全景，与冯玉祥将军谈古论今。(3)古代普照寺的僧人迎送贵客，都在云门，故云门西侧有“迎送柏”三个石刻篆字。柏树早已干枯，但树干尚在。墓地选在这里，也含有迎接范老英灵由黄河北归来之意。

今泰山冯玉祥小学即在范老墓的西邻和北邻，学生们歌声清脆，书声琅琅，墓校隔墙，朝夕可闻，范老九泉有知，是会感到莫大欣慰的。

贪官冯汝骥

王润身

冯汝骥，河南开封府祥符县人，民国三、四年(1914—1915)间任泰安县知事，是民国以来第三任县长。任职期间横征暴敛，泰安人民无不切齿痛恨。

冯汝骥在农民白契换红契时(旧时土地房屋买卖典当，未向官府纳税并加盖官印的契约，称白契，纳税盖官印的契约称红契)，任意增加交款数额，纵容下属从农民手中搜刮了四五十万元现洋。民国3年4月，泰安县遇严重雹灾，他把上面发下的赈灾款全部中饱私囊，许多人为饥饿所迫出面请求赈灾，结果都被逮捕入狱。他断案只为搜刮民财，不分原告被告，只根据各家财产状况，制定其罚款数额，或以严刑逼迫罚款，务使原告与被告均倾家荡产而后已。当时泰安县城内岱庙设有花局，以松柏盆景最为贵重，盆价有高达数百金者。冯常游岱庙，见有佳品，即令随从搬走，如遇索款，则立捕并处以罚金。他所强取的大量名贵盆景，部分供奉上司，大多窃为己有或差人倒卖。冯昼夜聚赌，挥霍无度，又任意增加房捐，逼得民众苦不堪言。民间流传之歌谣云：

冯汝骥，坐泰安，土地加税房加捐。

腊月里，冰雪天，地保衙役都催钱。

交款日期不准变，到期不交把眼剜。

肚里无食身发抖，城里乡里哭连天。

后来议员葛延瑛(云庵)为民请命，赴京状告冯汝骥(时冯已升任陕西省财政厅官员)，肃政使王铁珊受理此案，将冯削职为民。从此冯遁居天津租界，生活上悖入悖出，不久即将搜刮来的钱财花光用尽，流落街头，狼狈不堪，每听到山东口音便惊恐地躲开。民国十七年病死街头，暴尸路侧，可谓罪有应得。

冯汝骥铁像铸移记

王润身

1931年，泰安城新建包公神祠门外有一冯汝骥生铁铸像，高一米许，双膝跪地，头顶铁元宝，两手高举，各托一元宝，通身散铸银元图形，肚腹上铸有“冯汝骥”三字。泰城人无不憎恨这个贪官，像身天天有痰污。

铁像铸造者名许凤德，时为泰城东关德兴炉房掌柜，也是冶铁能手。铸像之缘起，系民国6年初，泰安名流王衡斋倡议：人出钱一文，为冯汝骥铸造生铁跪像。倡议顺乎民心，人人争先出资，连妇女、儿童甚至乞丐都纷纷解囊。王与泰安知名人士朱业田推选许凤德为冯像铸造者。他们三人议定了冯像的大致样式，预算为三百元大洋。

事后，许凤德精心构思制模浇铸，以其匠心独运，很快铸成。是年夏季，将冯像立于泰城中心通天街北口，面南而跪。消息传开，轰动城乡，家家邀亲请友，争相观看贪官的丑恶下场，无不拍手称快！不久，曹光楷来泰任县令，发现这一跪像，勃然大怒，将通天街的地保和许凤德各打四十板子，并把王衡斋逮捕入狱，致王气愤而死。曹令人将冯像埋于地下，民国十二年夏由邑人

掘出立于原处。不久曹又贿人埋之。民国十七年,邑人又觅出于原处复立。民国二十年秋,山东省政府主席韩复榘提倡“奖廉惩贪”,泰安建起了包公祠,经众议,将冯像移至祠门外,一清一贪,以形成鲜明对照。正如 1931 年刻立的《冯汝骥铁像记》(1988 年 5 月 26 日在通天街拓宽施工中,由居民院中发掘)碑文所载:“流芳遗臭,后之来者视此。”

丁宝桢堵黄河决口

王先进

电影《两宫皇太后》说山东巡抚丁宝桢到郓城堵黄河决口，非是。他堵的是山东菏泽县城西北四十五里李庄集西北四里、黄河堤上紧靠一棵小榆树南边的黄河决口处。我家就住在离小榆树东边约八里路的王刘庄。堵口以后留下一个约三四亩地大的潭坑，无论天怎么旱，那个坑没干涸过，不过面积有大有小而已。我父亲家贫，经常到那里扛料(高粱秸)挣钱糊口。我有时到潭坑边洗澡、割草喂牛。以下是我父亲亲口告诉我的。

黄河在小榆树南决口，分数支往东南流。一支走李庄集南往东，经梨园、岳庄往东流；一支经李庄集北安庄南往东流；一支经吴楼北高寨南，经刘屯崔楼之间往东南流。滔滔黄水所到之处墙倒屋塌，有全家爬上屋顶避难者，有顺水漂流沉没者，有爬上树枝避水者，种种惨象目不忍睹。丁宝桢巡抚山东，奏请清政府恩准，命他作堵口监督。丁宝桢贵州人，咸丰进士，督河工时约五十岁左右，面白皙高身材，穿马蹄袖长褂，头戴花翎暖帽，每日到工地上巡查。堵口材料主要是高粱秸俗称“料”。高粱秸根部向外，梢部相掩约三尺，东西南北高各一丈为一垛，一垛为一万斤，按垛的数目多少发钱。农民上河工一次扛两三捆到工地口，有人按捆数发签，就是有记号的筷子，傍黑收工时凭签发钱。当时堵口的方法，先以大船装满石头，固定在埽上面，挡住急流冲激，再用粗麻头结成网，网洞约 5 寸左右，上面先铺一层高粱秸，再加一层土使高粱秸下沉水中，层层下沉直到水底把水流截住，把决口处完全堵塞，才算合龙成功。每当铺土后高粱秸不下沉，就命扛料的工人下去崴埽，我父亲就经常下去崴埽。若埽被水冲走冲散，人落水中，善泳者可以得救，不善水者为急浪所吞没亦不在少数。所以出工者家人都惴惴不安，直到收工回家，父母妻子才相顾欢笑。工程处南约一里有一将军庙，将军庙南又有一座大王庙，祭历史上治水有功之人。丁宝桢即住在大王庙。合龙时，他

身着大礼服，将用红绸子捆绑的一把高粱秸放在粗绳子网上，网上铺了红毡，丁行完祭天祭龙王和谢皇恩的大礼之后，挑土工扛料工一拥而上把决口填平堵住，这时鞭炮齐鸣，庆祝大功告成。

勤政务实的县知事

宋德圃

民初博山县知事严瀚，安徽桐城人，军功出身，清末任本县典史(相当现今公安局长)时，勤于缉盗查奸，此人少官气，无架子，常微服逛大街、步小巷、赶集上店，识者均拱揖而过，肖小歹徒，率多望风鼠窜，坊间公买公卖因而繁盛安定。博山是小手工业区，地瘠民敝，每有善良妇女因贫困而沦落娼门，常于北岭后山、河滩大瓮市夜间卖淫，以资糊口，当地人叫上夜市。严公多次募捐赈济，并勒令窑主、炉主，将加工酒盅、汤匙等零星小活，招贫苦之家承接取酬，以缓解民困，又责成乡镇公差，值班查夜，一时私娼绝迹，民皆德之。

严令为查禁赌场、赌局，探明聚赌之处多私设于不法居民之家，惟恐打草惊蛇，不利擒拿，遂不顾个人安危。深夜亲率公差，翻墙入室，拘至行衙，或严责，或处罚，并公开规定民约，一体

凛遵。经过整治,不数月,赌风大煞。

吾先伯宋维东,因赌曾受其责罚,亲属每提起此事,尚感念严大人解救匡正之恩。当时民谣有云:

大瓮市,怕老四(指典史居知县以下第四位),有了饭吃不上市。

严大人,管的多,偷进民宅查赌博。

严令不愧为循吏,至今人尚颂之。

萨镇冰俭朴教子

王逸民

萨镇冰,福建人,辛亥前后著名海军将领,历任海军总(部)长多年。生平崇尚俭朴,清廉自持。其子萨福均二十年代末任青岛铁路管理局长时,曾接他来青小住。

按照路章规定,路局委员以上人员外出,都在快车后面附挂"包车",迎送贵宾则附挂"花车"。萨镇冰得知儿子要派包车到济南接他,严词拒绝,仍按原定日期乘快车来青。路局的高级官员为了迎接局长的老太爷,着实准备了一番,在站台上作了布置,极尽隆重之能事。谁知快车进站旅客都走光了,却没有看到这位老将军。原来他料到儿子要讲点排场, 所以悄悄地在大港站下车,坐人力车住进了一个普通旅馆,打电话叫萨福均到旅馆来看他。老将军严肃地对这位局长儿子说，此次来青，纯系私人行动，想看看青岛风光和孙子孙女。这样摆阔气来欢迎我，兴师动众，是绝对不应该的。居官要清廉，生活要俭朴，这是每个公职人员都应该遵守的信条。

因为他是局长的老太爷，局内局外的一些人物免不得要“接风”“洗尘”，使他却之不恭，受之又不耐烦，甚感有违他在海滨静养几天的原意，又怕走时“饯别”的麻烦，竟自悄悄离青回籍。

土匪治河

何 项

1920年夏，黄河水暴涨，菏泽西北刘庄一带，大溜直冲堤岸，决口近在俄顷，百姓惊骇万状，吁天无告。顾官府河防机构，以刘庄堤段属直隶省大名道地界，难于统筹；且淫雨已久，秸料霉烂，遍地积水，无处出土，以故坐视不问。当此十万火急之际，向以专劫富豪、反恤贫民之义匪鄄城刘庄之刘长久，菏泽油楼之油清海，忿然率众遮大名道道尹兼河务局长张昌庆、河务分局局长叶某等于道署，为民请命，且鸣枪示警，胁迫彼等负责护堤抢险。张、叶辈被迫许诺筹款，旋又以物料难筹、河工难募相推诿。刘、油见

事不济，慨然身任其事，会同乡约地保，组织民众，不限地界，砍伐堤柳，责令富户出车赶运。又规定沿河所植高粱，皆收穗留秸备用，逐地登记，言明事毕作价归偿。复号召各村民众运土送料、覆堤造坝，计工付酬。于是十里长堤，人聚如蚁，茶棚饭肆，迤逦相接。刘、油本人，昼夜更代，持枪巡视督工，俨然为治河之总办矣。如是者三阅月而毕其役，大堤得保，数十万生灵赖此免葬鱼腹。沿河百姓，雀跃称庆，皆呼刘、油部众为“义民队”。

然刘、油等终以此为张昌庆辈所忌。河工之役甫毕，张即从大名道调来骑兵，勾结东明地主武装“杆子会”围剿刘、油所部。不久，鸣枪警告张昌庆之张黑五被逮，遭破腹抽肠酷刑，油清海受重创几死，刘长久率残部远遁，仅以身免。

刘、油挺身救险之义举，鲁西沿黄民众多称羡之，至今白发故老犹津津乐道其事。

韩复榘移民救灾

马节松

1932 年秋，鲁西范县一带黄河决口，山东省政府、黄河水利委员会和山东省赈务委员会连日开会，研究对策，两天过去，竟没拿出一个可行的意见。韩复榘突然走进会场，把头上的军帽往脑后一推说:“胡闹!胡闹!鲁西数万灾民处于水深火热之中,等你们研究出办法来,他们早已饿死、淹死了!不要研究了,《孟子》上不是说过吗,河东凶则移其民于河西,河西凶则移其民于河东。现在鲁西遭了水灾,我们只好向鲁东移民。”于是他立即下令:由省政府、省赈委会统筹,由聊城、菏泽两个地区与受灾县政府,按照灾民人数,全盘计划,分别造册负责运送灾民到鲁东各有关县份。同时责令鲁东各应差地区,按照负担能力,根据灾民移迁名册,分配到各县,以县为单位分配到各区,区级负责安排到具体村庄,插村落户,妥善安排生产,老者由村供养,凡学龄儿童优先入学,不得有一遗漏。一切开支均出自地丁附加救灾银两之中,不增加地方负担,经办单位不得有分文扣留,工作人员不得有分文贪占,违者严惩,重者枪毙。明令以安置灾民工作为县政的主要考绩,优奖劣惩,不能完成任务者撤职。并派有专人分片考察。各县县长不敢不重视灾民安置,迨第二年春种前,又分别遣送灾民还乡。事竟,还真有记功升迁和记过撤职者,还有县区长因迫害灾民而被处死者。这不能不说是韩复榘的一项德政。五十年后的今天鲁西老农还念念不忘韩主席哩!

此事系甄伟忱亲口对我说的。甄是保定军校速成一期学生,与蒋介石同学同班,韩复榘主鲁时任高参及赈务委员。

青岛劳动亭

刘明志

三十年代沈鸿烈任青岛市市长，在延长栈桥，修建海滨公园(今之鲁迅公园)、青岛体育场之后，在青岛市的莘县路、冠县路、普集路、威海路以及四方、沧口、流亭等马路之侧，建造凉亭，供拉地排车、人力车的运输工人歇脚、饮水，这便是闻名岛城的劳动亭。

劳动亭系钢筋水泥结构，长3.7米，宽3.5米，高4.15米，亭顶的棚厦分别向四周延伸90厘米，用以遮荫防雨。亭内南北东三面各置有绿色长椅一条，其铁腿固定于水泥地面上。亭外设大型有盖茶筒，备黄色搪瓷茶杯四至八个，以铜链系于茶筒上，每年6至9月由青岛市社会局派专人送高粱米水，盛夏改送绿豆汤，并有卫生局人员定期检疫，专供出苦力的劳动人民及过往行人饮用，来此休息饮水者怡然自得，无不啧啧称赞。

1937年以前，青岛区处于稳定发展阶段，大港、小港的货物吞吐量日渐增多，运输业随之发展，码头上的装卸及从码头至四方沧口工业区的运输工人近两万。青岛是一座傍海山城，道路起伏不平，坡度很大，拉地排车爬坡吃力，辛苦非常，当时，社会上流行着“劳工神圣”的口号，建亭即为了给业此者提供中途小憩之所。青岛市工务局设计师刘宝斋等，参照西方凉亭建筑式样设计了劳动亭。亭址多选在爬陡坡后的平坦处的人行道旁、从码头起至四沧工业区之交通要道上，至 1935 年建成十余处，目前尚存的只有威海路、普集路二处了。改革开放以来，港澳台胞及海外侨胞回青旅游探亲者，有不少人来威海路劳动亭寻旧、拍照，其中颇有当年曾在青岛拉过地排车、人力车者，他们回首往事，感慨不已，对于劳动亭的眷恋之情溢于言表。

潍县竹枝词与《潍县春节即事百咏》

陈炳熙

潍坊旧称潍县，别名也很多，如潍州、潍阳等等。因交通便利，文化昌盛，商业发达，物阜财丰，故久有“小苏州”之称。此地风土人情见于竹枝词者甚多。最早的应推“七载春风住潍县”的郑板桥，他有四十余首《潍县竹枝词》流传至今，从新出的几种《郑板桥全集》里都可以找到。

清末民初以来，潍县文人也颇有以竹枝词咏风俗民情者。如张昭潜的《潍阳竹枝词四首》，载《无为斋集》卷十八，其中两首如下：

街头父老向人言，
往岁龙灯闹上元，
花烛不明良夜寂，
风光那复似从前。

东城迢递对西城，
中有银河一道明，
三月桃花初作浪，
桥头多半卖鱼声。

前者反映了清朝末年经济凋敝、百事俱废的萧条民情，后者描绘了一幅生动活现的风俗画。

以竹枝词形式全面表现潍县节时风物蔚成大观的，是生于清末卒于五十年代的潍县才子裴星川。裴星川，行二，人称“裴二先生”。四、五十年代行医于青岛，后在青岛病逝。先生为人豪放倜傥，多才多艺，吟诗不过是他的诸长之一，但他却因竹枝词为邑人所重，甚至可以传之不朽。

裴星川竹枝词，原名《潍县年节即事百咏》，后改“年节”为“春节”。这竹枝百首，自残腊时的“朔风烈烈满城厢，腊八家家煮粥忙”写起，以年节(即春节)、元宵节、清明节为中心，备写清末民初潍城居民过节、买物、守岁、祭祖、拜年、赛会、杂耍、百戏、龙灯、旱船、高跷、秧歌、说书、卖卜、秋千、风筝、年画、饮食……举凡春节前后三个

月中居民生活的各个方面，无不以要言不烦、生动传神之笔，熔为绝妙竹枝，创出一卷用文字做成的《清明上河图》。如咏除夕卖瓜子云：

门钱五色展檐风，
除夕二更岁近终，
清脆一声卖瓜子，
王官真是好喉咙。

咏元宵转灯云：

转灯变化自无穷，
驴变和尚鱼变龙，
只借烛烟催动力，
来回旋转夸良工。

咏旱船云：

果然陆地能行舟，
美丽船娘笑莫愁，
箫鼓声中人影乱，
清幽小调唱扬州。

再如咏民国初年潍县名噪一时的京剧男旦燕福云：

燕福有家住北乡，
潍县也出梅兰芳，
下台常被人围绕，
大汉保镖仗武行。

老舍爱好民间文艺

张昆河

老舍(舒舍予)三十年代在齐鲁大学授课和创作之暇,常到趵突泉听大鼓书,到国货商场听相声或“说武老二的”(山东快书的俗称)。

当时趵突泉的南院是个小商场,货摊鳞集。泉池西畔和南畔搭建两座茶厅，都是大鼓书书场。室内玻璃窗下摆几张方桌,可饮茶听说唱。窗外泉水喷薄,窗内鼓板叮当,琴声歌声悠扬,应该是消遣的好地方。但在三十年代,到书场听说唱的多是商人、小官吏、旧家纨袴子弟、军警地痞等,流行“捧角”、“点活”,弄得有些乌烟瘴气。至于国货商场的相声和山东快书,都是在露天场地摆一圈简陋破旧的长板凳，艺员便在中间表演。听众多为小商贩、个体劳动者及社会下层游手好闲的人们。长板凳上坐一圈,外面还有站着听的两三层。那时说相声和山东快书的,为了迎合小市民的低级趣味,都是“荤口”的,用的语言很庸俗粗鄙。因此这两个地方教授名流是绝对不屑一顾的。就是齐大的学生也不愿涉足其间,免招物议。但舒氏却不计较,经常坐在书场和国货商场,极有兴趣地欣赏着。

齐大同学开始发现舒氏常到这两处时,作

为一桩稀罕的趣闻相互传说，有的以为舒老师是在深入社会生活，积累创作素材；有的以为他在搜集笑料，以丰富他那幽默的词汇。实际上他这时已注意到诸多的民间文艺形式及其社会效益了。舒氏到重庆后，即将这类文艺形式用于宣传抗战，建国后又用来为社会主义服务。在新文学名家中，认识到民间文艺价值的，舒氏是较早的一位。

冯玉祥写诗欲夺魁

田仲济

抗战八年，冯玉祥写诗甚多。他在当时的桂林创办了三户图书社，他的诗及其他著作大半由三户出版。四十年代初，他曾问起中国写诗最多的是谁，人家回答说是陆游；他又问具体数字，答曰：近万首。他下决心超过陆游，从此写得更勤，有时一天写两首甚至三首。究竟一共写了多少首，则不甚清楚，估计大概可达千首或更多些，但仍比陆游少得多。陆游活了八十五岁，平均每三日写诗一首，共计近万首。诗，自然也包括其他文学形式，毕竟还是质重于量，不能因其量大就可以称雄。新文学女作家林徽音，留下的诗不多，散文也甚少，但常常被人忆起。

元宵节的灯谜风波

宋德圃

民国二十四年元宵节，山东博山县县城在大闹花灯时，发生过一起亘古少见的灯谜风波。

事情是这样的：在历年元宵节都悬灯结彩、热闹异常的西门城楼上，这年又平添了一个新的景观，即用约四平方米的大纸板，画了一个头戴清七品官帽，咧着饕餮大嘴的头像，奇形怪状，令人捧腹。两边的楹联分别是“去年元夜时，花市灯如昼，月下望形色，游人何消瘦；今年元夜时，月与灯依旧，再见去年人，有骨已无肉”，横批：“就是干渴”。人皆争看，不解其意。讵料此事却惊动了王荫桂县长，他看了直气得一佛出世，二佛涅槃。原来西昆铁路修建至桃花峪时，在占用民田的纠纷中，他为虎作伥，死心塌地站在资本家一边，迫使农民卖田，从中受贿达万元之多。他作贼心虚，见画后惊恐万状，立即召集镇长、地方(相当保长)，令他们查访作者，欲加之罪。嗣后经绅董陈议，为避免事态扩大，遂于当晚将画面全部覆盖，成了一面大白墙；而且改换了两幅对联，上联“爱民如子”，下联“执法如山”。

然一波未平，一波又起，正月十五日深夜，

又有两幅半截联接在改换的对联下面，上联接的是："金子银子全是子"；下联接的是："钱山靠山都是山"。贴上不久，镇长、地方叫苦不迭，忙又派人刷掉了。

这段闹元宵的轶事是我所目睹，那位接下联的作者，是我的老同学蒋仲鸣先生。

两副赠联寄深情

吕德禄

曾与著名教育家陶行知共同创办南京晓庄师范学校，后又在上海与其共事的吕镜楼先生，1937年7月初回到家乡山东省宁津县保店镇，在自己家里开办单级复式小学，我有幸接受了吕老先生的启蒙教育。"七七"事变后，战火很快燃及家乡，学校无法维持，只好停办。最后一天，吕老先生为年龄较大的学生讲解了古文名篇范仲淹的《岳阳楼记》，然后他满怀激情地对学生说："国难当头，黎民涂炭，我一穷儒老朽，虽有报国之志，已无回天之力，希望你们快快长大成人，立志报国，重振华夏雄风！"他随即在黑板上书写了一副对联：

牢记范公忧乐

力操当代风云

1945年抗战胜利前夕，吕老先生由外地返里省亲，我特去拜望。当他得知我家虽然贫穷，但父亲仍然供我上学读书时，甚为高兴，说："孩子，你家日子那样难过，仍能坚持上学，难能可贵。我送你两句话吧。"随即展纸挥笔，为我书写了一联：

胸有五车终是富

腰缠万贯亦为贫

一次精彩的演讲

马铭初

陶行知是中国近代史上著名的平民教育家，他主张教育与生活相结合，提倡教、学、做合一。1934年秋后，他到泰山与冯玉祥先生会晤，泰安师范校长徐芝房趁机请他来校作了一次讲演。先是徐校长曾参观陶先生在南京创办的晓庄师范，回来后向同学们介绍过陶先生的办学主张。最使人不能忘怀的是晓庄师范大门上的对联："与马牛羊鸡犬豕作朋友；向稻粱黍麦菽稷下工夫。"对联清新朴实，我至今还记得。同学们听说陶先生来讲演，都很激动。

陶先生走上讲台，受到热烈的鼓掌欢迎。当时他四十多岁，中等身材，有点胖，方圆大脸，皮肤白皙。一开口就说："我不是来做理论讲演，是来介绍小先生教育的。"大家一听有些纳闷，什

么是小先生教育？陶先生接着说："我们中国至为贫弱，人家都看不起我们，因为中国文盲太多，文化水平太低，生活太贫困。必须提高人民的文化水平，才能使国家富强起来。可是扫除文盲，使人民都有文化知识，光靠政府办的几所学校是解决不了问题的，我想了一条普及教育的途径，就是采用小先生教育。"讲到这里，大家有些兴奋，急切地想知道什么是小先生教育。陶先生说："谁是小先生呢?就是现在在校的小学生。他们在校学习，回家后就教自己不识字的爸爸妈妈，教不识字的哥哥姐姐或邻居。一个小先生至少包教两个人，总起来看，力量就大了，这是不花钱的教育，推行下去，大有好处。"

陶先生还介绍了他为小先生编著的成人识字课本。他说："教成人不同于教小学生，须有适合成人口味的教材。"说着他读了几篇课文让大家听。其一是：

"青菜，豆腐，青菜汤，豆腐汤，青菜豆腐汤。"

全文十五个字，实际只有五个字，每个字都重复三次。

另一课是：

"一天开门七件事，油盐柴米酱醋茶。"

课文生动活泼，都是平常的生活用语，易学易记，很适合成人的口味。

陶先生说："识字课本一年就可学完，有千余单字，学完了即可阅读浅近的书报，可记日用账，可写简单的书信。”

最后陶先生谆谆告诫：“做一个小学教师，不仅要教好学生，还得使学生热心地当好小先生。教师还得经常下去检查，才能使这种制度坚持下去。”

陶先生讲了一个多小时，有声有色，令人心悦诚服。同学们都说，咱们今后也试行一下。

教育家鞠思敏与人力车工人

田仲济

提到著名教育家鞠思敏，不少人可以讲出许多显示他高尚风范的故事，关于他与人力车工人的故事是我听到的一个。

鞠老先生每日从家中赴学校或从学校回家中，都是乘人力车。那时济南的代步工具，主要是人力车，其次是手驾的独轮车或马车。后者比较少，独轮车以后被淘汰了。建国以后，人力车才逐渐为三轮车所代替。

那时人力车没有规定的价格，都是临时讨价还价。鞠老先生是从来不还价的，一般都是下车后付钱。拉车工人习惯讨高价，鞠老先生也照付不还。有时车钱已达一般车价的一两倍或更高了，鞠老先生也只是讲“可以了”，自然钱还是照付的。这样天长日久，拉车工人都感到不好意思了。有的就说:“鞠老先生给多少，就接多少。”都不再争了。这事在不少知道的人中传为佳话。

何思源与山东省立六中

何　项

何思源出生于菏泽城东何庄一个贫寒农家,1913 年升入菏泽普通中学堂学习。不久该校与官立曹州中学堂合并,按全省中学序列,定名为山东省立第六中学。从此何思源便与省立六中有了特殊的情分。

曹州中学堂始建于 1903 年，留日学生、同盟会员王鸿一曾任该校监督；普通中学堂是 1906 年王鸿一亲手创办的一所私立中学。两校合并后,葛象一(1882—1949)任第一任校长。何思源在六中期间,成绩优异,颇为教师、同学所瞩目。后因生活困难,一度辍学赴济南当记者。葛校长同情他的境遇,拿自己的薪金资助他,他才得以返校完成学业。

何思源 1915 年毕业后,借助于县助学贷金和葛校长等师长资助,考入北京大学预科,后转入哲学系。1919 年考取官费留学,先后入美国芝加哥大学、哥伦比亚大学攻读哲学,1922 年又到欧洲柏林大学、巴黎大学习经济学、社会学,一共在海外留学七年。归国后初任中山大学教授，1928年起任山东省教育厅厅长达十五年之久。

何思源青年时代历尽艰辛，对关心自己成长的前辈王鸿一、葛象一等尊崇备至。当上厅长后就把第一个月薪金八百元全部寄交葛校长，报答他的栽培之恩。葛校长把这笔钱作为资助贫苦学生的奖励基金，以激发他们奋发进取的精神。由于教育厅重点扶持，省立六中规模不断扩大，教学质量居全省之冠。培养出的留美学生除何思源外还有王近信、张会若、张含英等人。曹州第一个党支部书记徐鹏翥、枣庄特委书记田位东等革命先驱，都是该校的毕业生。

六中学生中有不少人仰慕何思源求学生涯的"三部曲"，流传着"六中、北大、哥伦比亚"的谚语。抗战前夕，少数亲日顽固派制造"倒何"风潮，纠集一批文痞到南京请愿，竟以这一谚语为借口，攻击何是"六中、北大、哥伦比亚"系统的学阀。

抗日战争爆发后，山东大批中学纷纷南迁，菏泽恰是他们第一站集结地，因而六中师生加入南迁行列者尤多。这些学校辗转经河南赊旗镇、湖北郧阳，最后迁到四川绵阳，编入战时内迁中学序列，定名为国立第六中学，校长为葛为棻。原山东省立六中驻绵阳辛店子，组成国立六中三分校，校长田竹桥。由省立六中改为国立六中，序列未变，而六中之名益著。1941年菏泽南迁学生全部毕业，至此原省立六中的历史即告终结，而这时何思源的教育厅长也将卸任。省立六中的命运与何思源的教育生涯相始终，又成为一个有趣的巧合。

“六中、北大、哥伦比亚”

徐北文

三十年代山东教育界谑称“曹家庄”。“曹家庄”者何，乃曹州府之戏称也。山东曹州府，旧辖十县，领有菏泽、单县、巨野、郓城、成武、曹县等。民国年间曹州出了个“村治”派领袖王鸿一，又出了个教育厅长何思源，故山东各文教部门多有曹州人士。

在山东高等教育界，仅有“曹家庄”的头衔尚不能入流，还须有三个条件，即“六中、北大、哥伦比亚”，就是说，须中学毕业于山东省立第六中学(校址在菏泽)，大学毕业于北京大学，留学于哥伦比亚大学者。哥伦比亚大学是胡适留美读书的大学之一，青岛大学校长杨振声、教务长赵畸(太侔)、外语系主任梁实秋也都是由哥伦比亚毕业的。

至于中学及师范，则多为六中、北大毕业生，如一中(在济南)校长孙维岳、第二师范(在曲阜)校长宋还吾、三中(在泰安)校长李映元、济南教育局长张鸿渐等都是，而且又系曹家庄人士。

先父芝房先生虽非曹家庄人，因是北大教授梁漱溟的学生,又毕业于“六中、北大”,为何思源之校友,故能任泰安乡师校长。

村治派王鸿一后与梁漱溟的乡建派合作。梁在山东邹平搞乡建实验时,那里也是六中(王鸿一的关系)、北大(梁漱溟的关系)的地盘。

当时毕业于北京师范大学的山东籍学生，返乡后见地盘尽被北大派占据，乃合力反对何思源。师大派中也有人得到国民党要员支持,虽然在胶东几个学校分得一杯羹,但仍不满足,理所当然地要挑北大派的毛病,多次告状,两派矛盾不已。其时忽盛传何思源为CC派中要员,何闻之而不辞。一日与几位老同学相聚,有人问:“仙槎,你啥时加入CC的?”何哑然失笑,说:“将错就错,咱们也吓吓师大的。”其后何是CC派一说,亦见诸报刊,广为人知,只有老同学才知道是不确实的。

于明信先生遗事杂俎

李　弢

先师于明信(1882—1948),字丹绂,原籍山东临淄城北葛家庄,清末廪生。1909年毕业于省优级师范,民初东渡日本,肄业于早稻田大学。二十年代又两度赴日，从事东京大地震后的救济工作，并任山东留日学生经理员。

明信先生是先父宝祁公及先叔宝慈公的业师，我自幼常听两位老人称颂他，但见到他已是“七七”事变后、三十年代末。先生常着青布旧衫，夹一蓝布书包。那时我方十二三岁，但见老先生体躯伟岸，不苟言笑，这个形象迄今仍如在目前。

1938年春，济南沦陷，日特务机关曾多次遣人去七家村登门造访，请先生出任伪教育厅长。先生直言相告：“你们想让我当汉奸吗?”来人辩称：“是请先生当厅长办教育。”他道：“汉奸我不当!教育我不办!”日伪仰其声望请他出席教育工作会议时，他在签到簿上直书“汉奸于明信”五字，日伪官员无奈，只好以“于先生精神失常”自解。先生乘隙脱身北上，蛰居北京西郊嵩祝寺做居士，直到抗战胜利方回济南。于老的民族气节，至今犹为人所难忘。

抗战时期的孙东生

伊 洛

抗日战争前孙东生(维岳)是山东省立一中(简称一中或济南中学)的校长。

“七七”事变后，教育界为了保存民族的一线生机，大批平津爱国进步学生纷纷南下。孙东生也坚决率领济南中学数百名学生南迁参加了中国知识界抗战救亡的大军。济南中学是初中，学生都是十几岁的孩子，大的十七八岁，小的只有十二三岁。随着战火的深入，他们徒步行军，风餐露宿，冒着敌机轰炸扫射的危险，辗转经江苏、河南、陕西、湖北和四川五省七千余里，于1939年初到达四川绵阳。战时国立第六中学成立后，济南中学改为六中四分校在罗江，孙东生任分校校长。流亡生活是极艰苦的，有时中途休憩，同学们借着冬天的阳光脱下棉衣一抖，虱子就会纷纷落下。有时夜宿会馆或古庙，满地鸽粪，蛇从梁上掉下来，在地铺和人身间乱窜，这些情景孙东生也都亲身经历了。那时他才三十多岁，身体还好，有一个昂藏的个子，年轻时害过结核病已经好了。一路上他除带领行军，还要照顾大家的生活，诸如商买铺草、准备伙食、如何打前站等等他都要注意安排，每过县城集镇他都要先去拜望当地的达官和士绅。如需小住上课或休整，他更是奔波不迭。

孙东生抛家舍业，只身带领学校出走，坚决不当亡国顺民，他的爱国主义精神激励了大家。他对学生感情真挚，在流亡途中有一个名叫李启后的学生因病死去，他抚尸痛哭，大家都为之泪下。他有比较开明的自由主义思想，办学遵循蔡元培“兼容并蓄”的主张，对学生的思想一概不加限制。罗江的四分校在他主持下就聘请了陈翔鹤和方敬两个共产党地下党员作国文教员,还有当时思想上已很左倾的李广田,一时四分校几乎成了一个红色学校。以后不久,学生们有的偷偷去了延安,有的考了黄埔军校,孙东生都欢送,都承认他们是自己的学生。他的大儿子孙冠文要去延安,他就毫无阻拦地让他去了。

随着抗战的发展,国民党反动派实行了防共、限共和反共政策,对孙东生很不信任,后来就把他调离四分校。四分校有几十个进步学生被逮捕。解放后曾任济南市副市长的许衍梁,当时曾任该校历史教员也被捕过。之后,孙东生在重庆国民政府教育部当过无事可干的督学,在四川大学教过书又被派到宁夏去开办学校,抗战胜利后返回济南被任命为旧时山东师范学院院长。

戒行和尚办教育

孙传云　展广植　高长进

肥城县圣佛寺村北有两座大山,大山之间有一座寺庙,名叫大庙。庙主戒行,自出家以来,曾三次到五台山受戒。虽处深山之中,身在五行之外,却关心世事,体贴民间疾苦。他不仅道深,且医术娴熟,常在诵经念佛之余,登山采药,为民施医,深得四方群众敬仰。

戒行化缘之际,看到乡间孩子无学可上,无

书可读,遂生恻隐之心。1932 年春献出两大间庙宇作教室,办起一所民立初级小学,并将十亩庙地的地租作为办公经费,使八道岭、圣佛寺两村的适龄儿童皆入学读书,为国家培养了一批人才。

1935 年,省教育厅长何思源赠戒行“热心教育”的匾额一块,以褒扬其业绩。

我所认识的蒋梦麟

王先进

1932 年夏,我投考北大在医院检查身体,见一位四十五岁左右、身着西装革履、头戴法兰西式白色帽子、右手握着手杖、风度翩翩的学者,后跟一个三十多岁、手提一个绿色小提包、巧小美丽的妇人同来就医。医生问他姓什么,男子答说:“姓蒋。” 医生若有所悟地说:“校长么?”他说:“是。”又说:“我夫人患眼疾,请给她看看。”那个医生立即将她介绍到眼科。我才知道那就是蒋梦麟,那妇人叫陶曾穀。陶曾穀原是高仁山的夫人,高仁山也曾留学美国,是蒋梦麟的朋友,回国后任北大教授兼教育系主任,作为国民党驻北京地下党部负责人,惨遭“大元帅”张作霖枪杀。陶曾穀一直孀居。蒋梦麟到北平与之先恋爱后结婚。蒋梦麟的儿子骂蒋梦麟为“老西门

庆”，蒋梦麟毅然不顾，终与陶结了婚，还有时携带酒肉纸钱同到高仁山坟前祭奠。

当时北平掌权者为张学良，思想统治比较松缓。我住在北大东斋荒字十二号，一进东斋大门就有一堵墙，白天无事，一至晚间墙南面即贴满红色标语，其中最惹人注目的有“刮民党”(国民党)等许多反对国民党的标语，舍监报告蒋梦麟，蒋梦麟根本不管，日久自然不了了之。后来张学良下野，换了何应钦，蒋孝先宪兵三团进驻北平后，北大学生往往有失踪者。后来宋劭文、范长江等人就是在这个时候逃走的。

蒋梦麟当校长时，北大自由讲学之风较盛，每当星期日或星期六下午，经常有人在二院大礼堂演讲，北大教授许德珩、北平大学法学院教授陈豹隐、马哲民三人在一处演讲，从头到尾一直骂国民党。后来国民党特务将三人逮捕并解往南京。听说许德珩与陈公博同学，由北大校当局告知蔡元培，蔡老告诉陈公博，许德珩才由北大保释出狱仍回北大教书。陈豹隐、马哲民下落如何，我不知道。

我于1934年暑假毕业。毕业前，蒋梦麟召集地质系、教育系师生开茶话会，参加的除学生外尚有陶曾穀、胡适、李四光、王烈、吴俊升、萧恩承等人。茶话中萧恩承提出请陶曾穀唱歌，蒋梦麟说：“萧先生慷他人之慨。我提议所有参加茶会的先生们每人出一个节目。”各先生均说“不能”，蒋梦麟说：“我提议诸先生各出一个节目，诸先生均谢不能，由我出一个节目吧。”他遂把北京话“黄包车”用浙江土音变为“王八坐”，引起哄堂大笑。散会前，他说：“同学找工作，感觉有困难，我又能帮上忙者，可以找秘书处写介绍信，我的手章在郑秘书处，可以随时盖章。”因为我回母校教书没用他帮忙，可是他当时的话音，至今犹响在耳边。

怀念语言学大师罗常培先生

殷焕先

罗常培先生热心培养后进，学生遍及海内外。回想他在西南联大教课时，常以其纯正的北京口音，娓娓道来，或论先哲时贤，或谈佚闻趣事，上下数千年，纵横几千里，无不为了鼓舞后学的爱国之心，奋争之志，令人终生难忘。

对学生的学习、成长、进步，罗先生总是关怀备至。即使学生已经毕业，甚至当了教授，他也时刻挂怀，不断去信，询问教学、研究情况，督促大家继续进步，并且要求按时将新的研究论文或著作寄给他看。有罗先生这样的严师，学生们都不敢稍有松懈，无不自觉地养成一种认真、勤奋、严谨、扎实的学风。数十年过去，他的大批学生在音韵、训诂、文字、现代语言、语法、方言以及少数民族语言、语言与文化等方面取得了可观的成果，成为专家、学者，同时又为祖国培养了一批又一批优秀人才。

五十年前，我忝从罗先生受教，亲眼目睹他如何对学问兢兢业业，为语言学和教育工作呕心沥血。建国后，罗先生为中国科学院语言研究所第一任所长，我常同他见面或通信，至今我还珍藏着他询问我工作或催寄论文的信件。先生于 1958 年不幸病逝，至今已三十多年。当年与他相处的情景，尚历历在目；他的谆谆教诲，言犹在耳。我时常以先生的优良作风和精神鞭策自己，并以之教育我的学生。

山东大鼓著名艺人谢大玉

严薇青

在白妞(王小玉)、黑妞之后,山东梨花大鼓著名女艺人中有所谓“四大玉”;而谢大玉是“四大玉”之首(“四大玉”除谢外,还有赵大玉、李大玉和孙大玉)。

谢大玉,山东武城县人,从小跟父亲著名弦师谢其荣学唱梨花大鼓。谢其荣曾跟白妞的父亲学三弦,有“神手谢老化”之称。可能因为他在三弦的传统弹法上加工创新,出神入化,故而有此美称。他虽然没赶上给白妞姊妹弹弦(一说曾给黑妞弹弦),因经常和白妞接触,对她行腔使调的特点比较熟悉，后来就教给了自己的女儿谢大玉。谢十三岁登台，技艺超群，不但在济南红极一时，成为“四大玉”之首，而且到徐州、南京、上海、西安以及京津和东北各大城市演唱，也都载誉而归。三十年代她还应邀到上海灌制《黑驴段》等唱片。

谢大玉演唱山东大鼓得以成名，一方面是由于父亲谢其荣的教导，另一方面也由于她本身的条件和不断革新：她的嗓音清脆圆润，吐字清楚，虽然仍旧保持了传统腔调的曲折宛转，但是节奏要比原来快得多，也好听得多，曲艺行称之为快口大鼓。加以唱得认真，表演传神，因而受到听众的热烈欢迎。

我十几岁时，谢大玉已经三十几岁，演出时仍然是“台柱”，每场只唱一次“大轴”。那时她大概已经结婚，一般家庭妇女打扮，梳圆头，裹脚，装饰朴素，举止安详，看不出有丝毫艺人习气。后来因故辍演。据说她的儿子是某医院的医生，可见她婚后生活安定，能很好地教育自己的子女。

1955年济南市成立曲艺工作队，谢大玉即成为该队的主要演员。1957年山东省举办首届曲艺汇演，她获得荣誉奖。1960年济南市曲艺团成立后，整理、挖掘传统曲目，整理出谢的唱段八十几个，并请她担任曲艺团的教师。她住在济南南关一带，每天经由剪子巷、林祥门到大观园曲艺团教课，几乎风雨无阻；而且上下班都是步行，精神饱满，步履矫健，绝不像六七十岁的老人。

她于1961年入党，一直工作到1978年在济南去世。

“江北阿炳”王殿玉

刘尊雪

无锡民间音乐家华彦钧人称“瞎子阿炳”，以创作、演奏二胡曲《二泉映月》风靡全国。几乎与其同时，北方也出现了一位堪与媲美的盲艺人，以创制演奏擂琴轰动艺坛，他就是人称“江北阿炳”的王殿玉。

王殿玉（1899—1964），字琢袭，山东郓城县徐桥村人。幼年父母双亡，由哥嫂抚养，七岁时因患天花双目失明，十二岁开始学拉丝弦谋生。先为曲艺艺人伴奏，后单独流浪卖艺。他有惊人的听力和记性，地方戏曲、民间小调一听就会，一拉就像。二十岁只身闯荡江南，流浪于扬州、南京、无锡等地。他善于入乡随俗，到一处就学拉当地流行小调，很受听众欢迎。

王殿玉后来到上海献艺。他对琴艺执着追求，不以赚钱糊口为满足。他到处拜师访友，切磋琢磨。为了从京剧各流派中吸取营养，他经常出入各大戏院，亲聆谭、马、梅、程诸位名伶的演

唱,以致瞎子看戏传为新闻。经过苦心揣摩,对各派须生、旦角的行腔、气口、韵味,都能模仿得惟妙惟肖。他还用丝弦不同的音域,分别拉出锣鼓点儿、伴奏和唱腔,自此愈拉愈红。各剧院、演厅竞相招聘,遂由街头打地场登上艺术舞台,博得梅兰芳、马连良等大师们的称誉。伯乐一顾,身价倍增。许多小报连续报道他演出盛况,并誉为"王君奇技",他的精湛技艺风靡了上海。

后来,他感到丝弦音域不够宽广,就改木筒为铜筒,又将琴筒加大,琴杆加长,创制出一种全新的弦乐器,定名为"擂琴"。他擅长模仿各种自然音响的技艺,由此得到更为淋漓尽致的发挥。不论是地方小调、京剧伴奏,还是铜鼓洋号、西洋乐队,乃至鸡鸣犬吠、蝉嘶莺啭、人声笑语、金戈铁马,在他的擂琴中,无不曲尽其妙。

二十年代中期,他又载誉北上,辗转献艺于京、津、秦、晋、川、滇各地。他与著名民族音乐家刘天华、查阜西等均有交往,并受聘赴燕京大学音乐系讲学。他边讲边拉,还曾当场拉奏英语对话,轰动了大学校园。

解放后王殿玉就职于天津曲艺团,1953 年全国第一届民间音乐舞蹈会演中荣获优秀演出奖。又应全国音协主席吕骥之邀到中央音乐学院任教,为国家培养了一批擂琴、古筝、三弦演奏家。他独创的以模仿为主要特色的擂琴艺术,成为艺苑的一枝奇葩。王 1964 年在天津逝世。

民间小戏——两夹弦

盛延元

两夹弦是流行在山东西南部和河南东部的一种民间地方小戏，是在“花鼓丁香”的基础上发展演变逐渐形成的。因为它的主要伴奏乐器——四胡(四弦胡琴)是每两根弦夹着弓上所系的一股马尾拉奏，故而得名。群众也称它为“二夹弦”或“大五音”。

清道光初年，山东濮州引马集(今属山东鄄城县)有个穷秀才白殿玉，擅诗词，通音律，酷爱当地俗俚小曲——“花鼓丁香”(因一节目名《张郎休妻》，妻名丁香又称《休丁香》而得名)，常编些花鼓新词，教妻吟唱。后来收了几个徒弟，以“搭地摊”卖唱形式，活动于鲁西南一带农村。在演出形式上，由一人清唱，逐渐改为二人对唱，其表达方式也由说唱式的叙事体，过渡到戏曲化的代言体，且有了较复杂的表演程式，能演出较完整的戏曲故事。在演出过程中，他们大量吸收姊妹艺术的优点，逐渐形成独具风格的两夹弦剧种。

两夹弦的唱腔是板腔体，基本板式有大板、二板、北词，另外还有娃娃、山坡羊、捻子、赞子、砍头橛、栽板、哭迷子等。传统剧目近百出，多为

"三小"(小旦、小生、小丑)戏,如《站花墙》、《老少换》、《蓝桥令》等。在表演方面,除个别剧目仍保存着载歌载舞的花鼓动作外,一般都是以唱为主,有时站着不动稳唱百多句。后来陆续增加了开门、对打、打鞭等戏曲表演程式,又学习了跑圆场、甩水袖等基本功,表演艺术有了新的提高。

建国后,两夹弦艺术得到进一步的发展,1959年11月,菏泽专区两夹弦剧团晋京汇报演出,三进国务院,受到刘少奇、陈毅等党和国家领导人的亲切接见。1979年,定陶县两夹弦剧团参加文化部举办的庆祝建国三十周年献礼演出,所演现代戏《相女婿》获创作二等奖、演出三等奖。

艺苑奇葩枣梆

盛延元

枣梆系由山西上党梆子传入菏泽地区后,受当地语言的影响,逐渐形成的一个剧种,已有一百多年的历史。从菏泽山西会馆清道光十一年(1831)所立的碑碣中可以看出,远在清乾隆甲辰(1784)以前,鲁西南一带,就有山西人"离乡背井"、"远服贾而通货殖"。这些山西商贾中有会唱山西戏者,便于闲暇时教当地人清唱。后至清光绪初年(约1875年左右),山西遭受灾荒,其戏曲职业班纷纷去外地流动演出。有个“十万班”曾来到鲁西南,在郓城、菏泽等地演出了一年多的时间。从此,热爱山西戏的人逐渐增多,一些地方便聘山西职业艺人传艺，在几辈艺人学唱山西戏的过程中，不断吸收本地剧种的音乐及民间小调的风格，逐渐形成了独具特色的鲁西南地方戏——“枣梆”。

枣梆的唱腔,具有粗犷、豪放的特色,既高亢激昂,又委婉活泼。从板式、旋律、唱法等方面来看,枣梆依然保存了上党梆子的唱腔特点,它不同于上党梆子的一个明显之处是：唱腔中真假嗓结合,真嗓吐字,假嗓拖腔,而且真假嗓变声截然,由真嗓突然翻高而成假嗓,这个假嗓拖音甚长,小生、小旦的拖腔皆用“咿”、“呀”,黑脸、红脸的拖腔皆用“啊”、“欧”。

解放战争时期，许多枣梆艺人参加了党的工作。1947年秋,周圣礼、赵凤来等一部分枣梆艺人,参加了由冀鲁豫二专署领导的民声剧社。新中国成立后,成为菏泽地区枣梆剧团。

解放前的济南晨光茶社

李 谦

济南晨光茶社创办于1943年9日。定名“晨光”，意在与北京相声演员常连安所办的启明茶社相通。创办者是相声演员孙少林，社址位于当时的大观园商场东侧，隔壁是天丰园包子铺。晨光茶社专演相声节目。

孙少林邀请其师李寿增从天津来济南，主持全盘业务。孙则为主要演员，演出时身着深色大褂，白袜布鞋，台风大方、洒脱，说唱兼备，尤以《卖布头》、《铡美案》等传统段子最为叫座。

为了扩大阵容，孙少林还邀来了相声艺术名宿刘桂田、高桂清、高寿亭、刘广文、郭全宝、袁佩楼等人，孙的妻子刘砚霞也参加演出。随后几年中，京津一大批相声名家都到晨光演出过，其中有张寿臣、马三立、吉坪三、周德山、刘宝瑞、白全福、高德光、王世臣、孙宝才、阎笑茹等。他们不仅把相声艺术从京津引入济南，同时为济南培养了一代相声演员和观众。晨光当时的青年演员中，李伯祥堪称后起之秀，他登台不久，就以酣畅的贯口、出色的捧逗博得了“小神童”的雅号，拿手好戏有《地理图》、《报菜名》、《八扇屏》、《开粥厂》等。

孙少林有弟子赵文启，北京人，擅京调，二十八岁时拜孙为师，三十年来在师傅教导下，刻苦努力，逐步提高。他身材短小，声音沙哑，人称“麒派相声演员”，《地理图》、《报菜名》、《哭钞票》是他的拿手小段。赵妻刘燕明，曾与共和曲艺厅老生赵洪云同台彩排演出，博得人们好评。

源远流长的济南杂技

任　远

人们熟知济南泉水甲天下，但不一定知道济南还有源远流长的杂技艺术。

济南所属长清县孝堂山丰富的汉画像石中，就刻有动人的杂技表演：一人持竖竿，顶端一横竿，有以脚攀竿倒竖和单手倒挂各一人作表演，既美且险，显示了高超的技艺。济南北郊无影山一座汉墓中，曾出土了两千多年前的一组汉代彩绘杂技陶俑。这组陶俑共二十一人，同处于一长方形的陶盘中，两端系服饰华贵之观众，后排为吹拉弹奏的乐工，当中立一面大鼓，乐架上还挂有正被敲击之钟，表现了“钟鼓乐之”。中间的演员，有舒袖曼舞的少女，有头戴尖帽、一身短装拿大顶、翻筋斗的，还有双脚伸于头部两侧的柔术表演，形象生动而有趣。济南东郊黄台山的一座汉墓中，发现了雕有“七盘舞”

的汉画像石，一细腰长袖的女子，翩翩起舞于七盘一鼓之间，舞步欢快而轻盈。在附近的另一汉墓中还发现一些石刻，表现在大鼓上边跳边舞，巧接空中三剑七丸的精彩场面。难怪汉代济南即出著名的成榫剑，连杂技道具中都有短剑了。

在漫长的历史中，济南的杂技艺术不断发展。在南郊柳埠、西郊灵岩，都留下不少唐宋时的乐伎等雕刻。在千佛山下的一座元墓中，还有砖刻戏楼和描绘打板奏曲等的壁画，说明杂技正向戏剧等综合艺术发展。

二鬼角抵

马德怀

角抵即摔跤表演，是我国的传统技艺，早在秦汉时期就很盛行了。据《汉书·武帝纪》载："元封三年，春，作角抵戏，三百里皆观"，足见其流传之广。早年山东泗水县民间保存了此项技艺。

二鬼角抵不同于一般的角抵，表演者只有一人。表演时将一个木制的凹字形框架绑在背上，中间以环相连，木架两端各安一个木制人头。整个木架和表演者都用布遮盖起来(木偶头露在外面)，像是两件大褂连在一起。表演者两手拿一双靴子拄地，和自己的脚相对而立，俨然两人对峙。一个娴熟的表演者可以演出很多精彩动作：始则四腿挺立，怒目相视；继而二足对踢，双躯扭动；或蹬或绊，或跳或踅；忽儿四腿扑地，左右翻滚；忽儿一方腾空，旋转如风；有时一方步步进逼，却被对方陡然一闪，掀翻在地；有时一方被按仰卧，奋力挣扎，竟能一跃而起，转败为胜。真是高潮迭起，险象环生，令人目不暇接，一招一式，惟妙惟肖，与真人无二。最难的是二鬼碰头，因为碰头时表演者的屁股和双肩必须同时上翘才行。整个表演过程，表演者的头必须在两臂间垂得很低，不能顶起布幔，否则，一鬼尾部有一个大包，那就太难看了。双肩上翘而头不抬起，实在太不易了！外人看得有趣，哪里知道表演者的艰辛呢！

莱州文峰山郑碑

张河清

文峰山,又名笔架山、云峰山,位于掖县(今莱州市)城南十五里。山多刻石,共三十余处,惟北魏光州(今莱州)刺史郑道昭所书,以《荥阳郑文公碑》为最,它相对于平度天柱山之郑文公碑称为下碑,石高3米余,文长1300余字,意系郑道昭为颂扬其先父郑羲之无量功德,名为碑,实则为摩崖刻石。

郑公碑的书法价值很高,它既是书法珍品,又是重要的历史资料。日本书法界顶礼膜拜者大有其人。自我国改革开放以来,日本书法界知名人士，结伙多次来此观赏学习。据考，郑公碑文体对日本书法影响颇久。在书法史上，魏书的形成具有承前启后的重要意义。当时的北碑出现许多流派，而郑碑书体属于魏碑中的洛派，其特点是方圆兼施，体势趋于平直，隶书蚕头燕尾之状消失，是隶书到楷书的过渡体。然而这郑公碑虽然在宋代赵明诚《金石录》、郑樵《通志》等书中有过记载，但千百年中它却默默无闻，及至清代后期方大名于世，被世人所注目。包世臣在《艺舟双楫》中称："此碑体多旁出，《郑文公碑》字独真正，而篆势、分韵、草情毕具"，书出《乙瑛碑》，有海鸥云鹤之势，可谓真草隶篆之墨皆备，开后世书风之先，"真文苑奇珍也"。不但如此，今天文字中的简化字，在郑碑中也可以看到踪迹。康有为称道郑碑为"隶楷之极"。郑碑书法，不仅发展了方折的书风，而且吸收了民间圆笔作书的特色，用以书碑及题刻，创造了洛派真书中规矩整饬、结构严密、圆笔流畅、自然趣成的文人书法。

郑道昭，字僖伯，河南荥阳人，为世族，善诗赋，《魏书》有传，出生年代不详，卒于魏孝明帝熙平元年(516)。

画师张筑岩

李宏升

张筑岩(1837—1916)名彬，号今雨，鲁西北近代山水画家。少时天赋聪敏，学业屡冠邑庠，尤以书法、绘画见长。人们对其非常景慕，谓为“玉堂中人”，然而筑岩性格超越，视功名如草芥，终不为世俗所动，独以笔墨丹青为所好，潜心研习书画艺术。筑岩最喜游览，闻有山水美景，必往观瞻。一生曾六上黄山，十登泰岱，卜居山中，终日危坐。山中之岩崖、溪谷、树木、流泉无不仔细揣摹。将山川深厚、林莽雄逸之意趣灌注笔底，因而其所绘山水颇得实景真谛。

筑岩平生有四爱，曰：石、竹、古画、法帖。其居处松柏挺秀，翠竹掩映，颇有处士、幽人之风。自题其书斋曰“四爱草堂”，因又自号为“四爱主人”。每日独处斋中临摹古人名迹，吟诵先贤诗文，虽年逾古稀而不辍，为书画艺术倾注了全部心血。其作品气势雄浑，格调高雅，尤擅“斧劈”、“浑点”、“披麻”、“乱柴”之笔法。所绘画面，山峦参差，林麓深邃，流泉潺缓，古寺幽冥，使观者大有超俗出世之感。

筑岩不事商贾，不谙田园，殁后遗资无多，惟书画盈室，遗作数箧而已。后因其子孙不懂绘事,轻弃漫藏,致使作品散佚几尽。至今画界人士每谈起,无不喟叹。

齐白石先生轶事二则

刘敦和 口述　周雪平 整理

一

三十年代齐白石先生在国立北平艺专为我们美术系授课,一周两节,每次必偕夫人分乘两辆黄包车准时到校,从未迟到或缺课。齐先生走近教室时,学生们便立即停止嬉闹,规规矩矩坐好,待先生进来,一齐起立行九十度鞠躬礼。齐先生摘下帽子围巾,稍坐片刻,有时呷几口教桌上工友沏好的茶,即把他的作品挂起供我们临摹。课中,先生不断地在学生中来回巡视,对习作加以指点,或在学生的画上亲笔示范。此刻教室中往往十分安静,尽管先生低语辅导,全班同学都能听得清清楚楚。临近下课时,同学们将自己名字写一纸条放在桌上,请先生在为自己习作上亲笔示范的地方书名题款留作珍品。有时先生赠送学生的作品也在这时带来,照名字题款。款多题以“××弟属”(女生则称“女弟”)字样。记得我邻桌一位叫杨绍程的山东籍同学,生

性活泼，爱说笑玩闹。一次他求了先生一幅画，以“黑砖”为名请先生题款。先生一看知是调皮，但仍十分认真地题上“黑砖弟属，白石”，充分表现了先生平易近人、谦和博大的气度。

二

齐白石先生在上课时间，常应学生请求赠送作品，当时不带印章，只能题款，常相隔数日由二三人将先生赠品收齐，送先生家集中盖印。为此事我有幸三次去过齐先生的家，有一事至今印象颇深：一次我们去时，先生正端坐籐椅中，背向门口，面对壁上一幅未完成的仕女画凝神静观，以至我们进屋的脚步声都未听见。我们一看，知道先生正在专心致志地考虑修改这幅画稿。三个月以后，我再次为同样的事情到先生家里去，进屋后又见先生与三月前一样，仍在对那幅画端坐凝思。当时先生已是七十八岁的老人，在画坛上也是首屈一指的名家，然而一幅画稿精研三月仍不满足，其作画之严谨审慎精益求精的态度令人肃然起敬。

弘一法师在青岛湛山寺

张稚庐

弘一法师，俗名李叔同，是清末留学日本首

先将西洋绘画、音乐、话剧传到国内来的一位艺术家。法师才华盖代，其书法、诗词、篆刻、绘画、音乐诸艺事皆卓然有独到处。书名尤甚，胎息六朝，别具一格。中年出家后精研律宗，又成为一代高僧。1937 年他赴青岛湛山寺讲律近五阅月。

湛山寺建于三十年代中期，海天一隅之巨刹也。青岛历来道教盛行，明代憨山和尚曾在崂山筑“海印寺”，道士们上京控告，结果毁寺复宫，憨山竟充军雷州半岛。1931 年夏，南京政府交通部长叶恭绰(解放后任中央文史研究馆副馆长、中国画院院长)偕佛学家周叔迦游青岛，发起募捐建寺之举。因传憨山曾至湛山说法，遂筑湛山寺，1933 年动工，1935 年落成。殿阁庄严，环境秀丽。

1937 年弘一法师驻锡福建厦门南普陀寺，旧历三月底，湛山寺主持倓虚和尚派僧梦参至厦，迎请他前来讲律，法师即乘轮取道上海赴青，同行者有传贯、圆拙、仁开等僧。海行数日，于旧历四月十一日抵青。青岛给法师的第一印象是“如入欧美乡村，其建筑风景，为国内所未见”。

湛山寺有学僧七十余人，弘一到后终日忙碌，每星期一、三、五上午讲律，其余时间备课或编讲义。还写了多幅墨迹，广结善缘。每逢弘律，经堂里座无虚席，不仅有僧人，还有山东大学国文系的师生以及青岛各界居士。法师讲经，谆谆善诱，妙语如珠，令众僧似置身花雨缤纷中。

当时青岛市长沈鸿烈慕名访谒，弘一托词

入睡，拒而不见。尔后沈又设精致的素斋相请，法师不赴。有人问何以不给市长一点面子，他极诚恳极简洁地回答了两个字："无缘。"

青岛湿寒，弘一时感两臂麻木，手足疼痛，然以老病之躯，于课事则一丝不苟，学僧们无不感动。不料讲律甫一月余，"七七"事变爆发，烽火骤起，风声鹤唳，许多人纷纷南逃避难。他的朋友蔡冠洛赶忙致函，劝其速速离青，法师复信云："朽人此次居湛山，前已约定至中秋节止。中秋以前不能食言他往，人将讥为畏葸……"处变不惊，必忠必信，于此可见。直到是年旧历八月下旬才离青返厦。

弘一法师出家二十余年，都是行脚浙江、福建一带，1937 年是他惟一的一次北来弘法，湛山寺里留下了这一代高僧的屐痕，弥足纪念。越五载，法师安详圆寂于泉州不二祠温陵养老院晚晴室。

冯玉祥作画慰部下

李障天

冯玉祥不仅书法好，能写诗，而且绘画亦佳。邹平人孟昭进珍藏有冯送给他的一幅画，可称是稀世珍宝了。

孟是冯的老部下，保定陆军学校毕业后，任

职西北军，很长时间跟在冯玉祥身边，成为冯所信任的得力助手。“七七”事变前，孟在武汉行营跟冯玉祥当谍报参谋。孟原是朝阳大学毕业生，又上过军校，文武兼备，但升迁不快，职位不高。看到与自己资历相当的国民党嫡系军官，有的当了军长，有的当了司令，多数都比自己强，颇有点“鹰鸷蹑高位，英俊沉下寮”的牢骚，并对蒋介石排除异己深怀不满。一次闲谈，孟流露出这种情绪，冯对此也有同感，但没表态，仅报以苦笑，表示理解。

过了不久，冯找来孟昭进，展开一幅刚画就的画让他看。一张不大的宣纸上，横着画了三组画，前面是一人乘坐小轿车，车后冒着黑烟；中间是一人骑驴，正扭头向后看；后面是一人推着一辆载重独轮车，满头是汗。上角的题款是，“比上不足，比下有余。冯玉祥。”孟一看就知道与那次闲谈有关，不住点头。冯拍着他的肩膀，四目相视，会心一笑。孟深为冯对自己的关怀所感动，心头的郁结顿时化解了。他郑重地请冯在画上添上“赠孟昭进”几个字，数十年来珍藏身边，以为勉励。

李苦禅画励袁金凯

许介文

京剧名武生袁金凯三十年代在戏校学习时就喜欢绘画，工笔仕女人物、写意花鸟都能画。一个偶然机会，得拜国画大师李苦禅为师，结下师生千秋情谊。

李苦禅既是绘画名家又是京剧票友，能演《铁笼山》、《状元印》、《艳阳楼》等开脸大武生戏。他与李洪春、丁永利过从甚密，三人见面，不是谈画就是聊戏，尤喜谈武生。一次洪老问苦老："你看过袁金凯的戏吗？"苦老说："看过不止一次，舞台动作有规范，表演人物有性格，武打很冲，干净利落，是个大有前途的武生全材。"丁老、洪老笑着说："他是我俩的徒弟，很爱绘画，拜在你门下，收不收？"苦老一口答应。金凯喜出望外，激动得夜不成寐，择日拿了画稿，在洪老家举行了拜师仪式。此后师徒常聚，习画论戏，感情日深。一次金凯画了几笔荷花，苦老说："格调不错，功夫欠深。"还有一次金凯刻了一方印章，苦老说："意境可以，功夫不到。"金凯就狠下功夫，在戏、画上争取双"到"。那时金凯家穷，苦老经常从大瓷瓶里拿几个钱让他买火烧吃。没了钱，就画张画，让他上街卖画。师徒俩有时一

块红薯也掰两半分吃。金凯也经常为苦老做饭炒菜，奉若父尊。一次苦老在金凯家，酒后画兴大发，挥笔画了一幅《松鹰图》，题词“千里江山一击中”，赠给金凯，鼓励他在艺术上努力拼搏。金凯以此鞭策自己并郑重珍藏着。后来他也画了幅《松鹰图》悬在壁上，说“见画如见师，思师不忘拼搏”，终于成为绘画和戏曲表演上均有成就的艺术家。

“文革”时期苦老被揪斗，金凯亲去北京伺候。苦老展纸挥毫画了一幅《八哥图》，讽刺那些只会张着嘴巴聒噪不已的八哥。师徒二人会心一笑。李师母怕惹是非要给撕掉，幸赖金凯留存下来。苦老谢世，金凯一家痛哭失声，饮食俱废。金凯临终前，叮咛家人将一本《李苦禅》小册子放在枕边同葬，可见他们之间友情的深厚。

曲水亭与“二麻子”

李若西

昔年，济南有座曲水亭，是有名的棋茶馆。济南围棋界许多趣闻掌故、名手轶事，皆与这茶馆有关。不但国内知晓，日本棋手来济南，也必到此亭下棋。

曲水亭呈水榭式格局，位于大明湖畔。刘鹗《老残游记》所述黑、白妞唱梨花大鼓的明湖居在鹊华桥北，这品茗弈棋的曲水亭就在桥南，当年李北海坐以赋诗的百花洲生一片荷花，隔在中间。

从记载来看，此亭至少在清代便有，但究竟建于何年何月，似已无从查考。惟一可供考证的物件，是亭内曾有一块木匾，上书“陆卢停车”四字，笔法奇古，非楷非隶，且未曾落款，终不知书者姓甚名谁，何朝何代。如今所知道的茶馆主人，是民国时代的“二麻子”。他身材魁梧，性情豪爽，姓赵名嘉麟，脸上有几颗浅浅的麻子。或说他出身于大明湖船户，或说乃武举后人，棋人皆以“二麻子”相称，他亦习以为常。

二麻子热情好客，广结人缘。他常请一些围棋高手做擂主，邀请棋客打擂。对棋坛名家，如当时的“四大天王”，他不但不收棋费，棋后还常以酒饭款待。倘遇外地名手来济，更是高接远迎，留饭留宿。当时国内围棋界有“南刘北过”之说，南刘指上海刘棣怀，北过指北京过惕生。刘棣怀三次北上访棋，来济南逗留，均受到二麻子盛情招待。

二麻子二十几岁时尚不会下棋。当时有位自日本留学回来的王次伯，是济南的围棋高手，在韩复榘的省政府建设厅当技正，常到曲水亭对弈，主动提出教二麻子下棋。因王是在日本学的棋，便也以“武士道精神”执教，办法是：王输一子罚一铜子，赵输一子挨一皮拳。严师出高徒，二麻子皮拳挨了不少，铜子也渐赢很多，很快就由让子局下成平手，短短几年便一跃而入济南名手之林。二麻子的棋雄厚有力，属大刀阔斧的力战型。日伪时期被日本人“邀”到商埠赛棋，获大胜，怀揣着一个带玻璃的金属玩艺儿喜滋滋归来。不想，这在“文革”中成了他当“汉奸”的一大罪证。

曲水亭拆于解放初期，二麻子死于“文革”之中。

已故著名围棋高手山东省文史研究馆馆员张成铨先生曾著《济南围棋百年史话》一文，详述历代棋坛名手在曲水亭弈棋的种种情形。曲水亭虽小，但对济南围棋事业的发展起了很大推动作用。

曲水亭与“二麻子”功不可没。

刘和珍的追悼会和纪念碑

严薇青

1926 年 3 月 18 日“三一八”惨案中，北京女师大学生刘和珍、杨德群等惨死于北洋军阀段祺瑞的毒手，激发了全国人民的愤慨之情。时任该校教师的鲁迅为此先后写了《死地》、《可惨与可笑》、《纪念刘和珍君》等一系列文章，揭露段祺瑞的凶恶残暴，赞扬刘和珍等的战斗精神，并参加了 3 月 25 日在北师大礼堂举行的追悼会。在此之前，即 3 月 23 日，北京各界还在北京大学三院举行过一次“三一八”死难烈士追悼大会，上午、下午到会的有数万人。大会由当时在北京中法大学学习的陈毅任主席，他在高悬“烈士之血，革命之花”标语的会场上，痛斥了封建军阀祸国殃民的罪行。会后在北大三院竖立了刘和珍纪念碑。

纪念碑在三院后院西南方，碑身比常人稍高，碑文楷体竖写，坐南朝北。西边紧靠两间小平房，北面是一栋西房的山墙；碑的左侧为向东的台阶，台阶下是通往后院的南北大道。因为碑不在礼堂附近和大路上，后来周围又不断增建房屋，逐渐将碑遮住，所以人们多不注意。碑上刻的年月日和立碑具名的单位，现在已记不得。这还是三十年代初我投考北大时，午间在那两间小平房前吃饭时见到的。现在事隔几十年，经过几代人事变化，刘和珍烈士的纪念碑不知是否还屹立在那里。

胡适两不知

田仲济

“不孝有三，无后为大”，这是过去常说的一句话，也是宗法社会必须遵守的重要准则。抗日战争以前，曾有人写信给胡适，请教“不孝”之二与之三是什么。胡适也同样不知道，就回答说，“三十六计走为上计”，那三十五计是什么？接着他说，三十五计未见什么书上有记载，那其余二

"不孝"也不见经传,同样是未必有的。

前些年报刊上不仅刊出了三不孝,连三十六计也全登载了。可惜那时胡适远在美国,恐怕未必见到,大概也不会有好事者写信或剪报寄给他。那他就仍然以解答那个问题的胜利者自居了。

《老残游记》记济南风土景物极是生动,在写大明湖的章回中,描写千佛山倒影,可说写得如画:"那千佛山的倒影映在湖里,显得明明白白。那楼台树木,格外光彩。"胡适认为千佛山距大明湖十来里地,中间有树木、房舍,更有城墙阻隔,是无法形成倒影的。这理由当然很充分,我也认为刘鹗的写法可能是仅凭个人的想像。但前几年游大明湖,我站在北极阁下的湖畔,真是看到了千佛山的倒影,而且非常清晰。这证明老残在铁公祠看到的倒影是真实的,而胡适的否定倒全是臆想了。以后我每到大明湖就在北极阁下看一看倒影,尤以秋日为佳;只有在风较大、湖水起鱼鳞微波时才难以见到。

于右任为鲃肺汤题诗

秦在简

1944年秋,笔者访友于苏州,应邀往木渎镇游览西施故迹,归饮于石家饭店。店门五间,大厅高敞广阔，中悬镜框装裱的大中堂，乃于右任为饭店主人所题绝句，字大如碗，笔酣墨饱，光彩照人。诗曰：

老桂开时天下香，看花走遍太湖旁。
归舟木渎犹堪记，多谢石家鲃肺汤。

我们宽衣读诗，风雅会心。主人让座后，借佳肴陈绍，畅谈于老逸事。堂倌上汤菜，银匙竞举，主人笑询，此鲃肺汤如何？大家愧未仔细品味。主人即呼堂倌，重做鲃肺莼菜羹。两菜都很嫩滑，入口下咽，美不可言。鲃肺润白如玉，微带红晕，形如猪肺，长约一指；莼菜翠绿尖尖，如尚未展开的小荷叶，确是色香两绝。太湖港汊产鲃鱼，入夏渐肥，体长不过三寸，其肝、肺最为美味。石家饭店独擅制汤，盖因适逢夏暑，木渎为伸向太湖的半岛，得地利天时，较苏州各大饭店更为时鲜。鲃鱼为回游性鱼，秋风乍起时即回游经江入海。苏州的美食家，多趁太湖桂花初香时，纷纷往游。有的游船上也可供应鲃肺汤，但不如石家饭店烹调艺高。我国美食向重色香味三绝，如再逢时鲜、特产、风韵，方臻上乘，不徒口嗜一端而已。于老深明此道，将良食、美景、赏心、乐事，信手拈集于一首绝句中，加之书法一绝，烘托一羹，使木渎更增添十分秋色，而木渎石家鲃肺汤也名高百倍了。

前清遗老为父请谥

严薇青

毛承霖，字稚云，行十，山东济南人，清光绪戊子举人，湖北候选道，二十年代是济南最有声望的耆绅之一。北洋军阀时期，山东督军田中玉、郑士琦等到济南后都要先拜会他，因为他不仅是逊清的遗老和绅士，而且是清末两广总督毛鸿宾的后人。

毛鸿宾，字寄云，清道光年间进士，由编修累擢御史。为抵御太平天国起义运动，奉旨回籍办理团练。后历任安徽按察使、江苏布政使；以胡林翼密荐，调湖南巡抚；升任两广总督。后因在湖南巡抚任内“失察”，于同治四年(1865)受到降一级调用，处分回籍，不久死于济南。宣统元年(1909)六月，由于山东巡抚袁树勋的奏请，才准予开复毛鸿宾的降调处分。

毛鸿宾和曾国藩同年，最为相知。毛任湖南巡抚时，为曾军招兵买马，输运粮草，不遗余力。各省看到曾国藩统率的湘军镇压太平天国起义有功，也都到湖南来招兵、请饷，毛都尽力筹办，予以供应。同治元年(1862 年)春，山东淄川刘德培抗粮起义，清政府命令毛鸿宾同在湖南筹兵入鲁，毛即推荐当时任长沙知府的丁宝桢招兵来山东镇压刘德培。同年,石达开率军入川,途经湖南,他派大兵阻击。但他死后,除得入山东乡贤祠外,别无光荣可言。所以毛鸿宾开复处分以后,毛承霖就打算为父请谥,不料很快清室退位,他的打算只好落空。

毛承霖自入民国以后,仍然留着发辫,他的儿子和仆役也一律蓄留发辫,不准剪掉,表示他全家对清朝的忠诚。他几次托人向已退位的宣统皇帝溥仪为父亲毛鸿宾请谥。因为只花了几百元的"孝敬"费,未能满足溥仪及其左右的欲望,结果给谥为"定直"。这两个字既没气派,也不好听,不仅毛氏后人感到懊丧,即便在亲友中也没有传开。

为慈禧治病的叶嗣高

吴云涛

聊城邑人叶嗣高,字矩民,为光绪年间的御大夫,亦乡里绅缙者流。数十年前,其叶府尚甲第连云,气象显赫。余幼时,闻父老盛传叶府唱戏立碑,大宴宾客,极其热闹。碑立于城内之东南隅叶家园子,即叶府前也,称"叶公仁寿碑"云。

按叶幼习医,颇精于妇内科,然名不甚显。家中落,乃走太原,依其戚陈镜湖谋一枝栖。陈时充太原令幕宾,乃为叶夤缘谋得“候补佐杂”,官秩卑微,且无实缺。叶无奈,久闲,意甚侘傺。会庚子拳变,两宫西狩,至太原,慈禧抱恙,甫息行宫,即饬地方官召医者,急切无人,乃以叶荐。故事,七品以下末秩,无陛见资格。乃临时为之过班,以知县衔为太后诊疾。李莲英私告叶曰:“老佛爷本无大病,不过路途劳顿,偶感风寒耳。汝心有数可也。”李又曰:“我怜叶先生穷困,故以此语告之,如别人则千金莫易耳。”叶谢之。诊脉后,以加减四消饮,服二剂愈。迨回銮后,召叶入太医院供职,后授遵化州知州。

一说:旨下,着叶嗣高知遵化,因未贿当道,年余未得吏部挂牌,羁留京师甚苦。不得已赂李莲英为之疏通, 李伺隙禀慈禧曰:“老佛爷还记得那个叶麻子吗?在太原给老佛爷看过病的。”慈禧想了想,说:“记得呀,不是已叫他去遵化做知州了吗?”李莲英曰:“他要叩见老佛爷。”慈禧说;“可。”

叶见慈禧,行礼后,问:“你在遵化好吗?”叶不敢说尚未到任,只说,“好”。陛见后,叶始得去遵化,盖吏部不敢再羁压上旨,惧叶揭发其弊,必遭严谴也。

遵化为东陵所在。官斯土者,例应每年负修陵之责,向内务府领工料费用。过去的知州,领到之工银,外包红纸,内皆石块。自己倒补,苦不敢言。叶到任后,居然领得足银二万两。缘内务府知叶受知于太后,不敢蒙骗也。以上皆是听刘少卿所谈,少卿云系叶夫人所述。

按:叶有弟名嗣琦,字竹滨,举人,曾任濮阳知州。

李五邪奇方治难症

靳星五

清末,沂州府(现临沂市)城里,有位老人绰号李五邪,家中富有,精通医术,尤擅治疗疑难病症,治愈率很高。但他有个怪脾气,地主老财求医,不予理睬,贫苦劳动大众有了病痛,他知道了不请自至,主动送医送药,病治好了还拒绝酬谢。他排行老五,人们背地里称他李五邪,在社会上劳苦群众中威望很高。

李五邪喜欢养鸭,时常带着家僮,驱赶群鸭到城濠放养。某日来到东城濠放鸭,见一少女在城濠边浣洗衣服。李五邪偶然发现少女气色不对,仔细观察,断定她患经闭绝症。他情绪沉闷,焦急不安,踌躇了一会儿,坚定地招呼家僮,低声耳语:“给你一个差事,赶快去拥抱那位洗衣少女,用力搂住。我叫你放手时才放手。”家僮很为难地说:“这差事我不敢应,光天化日之下,侮辱人家少女,那还了得?!”李焦急地说:“你不懂,这个女孩子患了绝症,除此别无妙方治好她的病。这是救人命的事!你怕什么?一切由我承担。

还不快去！”家僮知道主人的性格，不敢不去，又相信他是善意给人家治病，而且有崇高社会威望，料想不会出什么事，犹豫了一会儿，鼓了鼓勇气，壮了壮胆子，突然跑到浣衣少女近前，冷不防双臂合拢紧紧抱住少女不放。那位少女被这突来之举吓呆了，不知所措，又害羞，又焦急，又看到李五邪老人在旁边沉默不语不加干涉，更是惶惑气愤，便大声叫喊呼救，拼命挣扎。少女的家就在附近，她妈妈听见女儿气急败坏的呼救声，急忙跑出家门，看到小伙子在大力拥抱自己的女儿，怒不可遏，本能地跑了过去，想拉开小伙子。

李五邪在一边开腔了，先唤家僮松开手，遂即对少女的妈妈哂道：“你是个不称职的妈妈，你知不知道你女儿闭经好久了？除了这个办法，什么药也挽救不了你女儿的生命！赶快带你女儿回家问问，现在是不是病已好了？”少女的妈妈见是李五邪老人，也就惟命是听，过了一会儿带女儿出来，千恩万谢！原来少女闭经好久，虽然很难受，但不好意思对妈妈说，以致拖到这步境地。刚才连羞带急生气挣扎，月经居然又回来了。多亏五爷费心救了她的命。

郭献亭“警枕立餐”

李仪轩

郭献亭是单县的名中医。他十八岁开始学医,二十二岁行医乡里,1957年起任单县中心医院中医科医师,1963年被选为省政协委员。

他医德高尚,医术精湛,行医六十余年,对待病人,不论贫富,不分贵贱,一视同仁,上门求医者,来多少他诊多少,从不推辞。他不吃病家的请,不受病家的礼,不坐病家的车。如需要出诊,先与病家预约时间,届时送医上门。他的药店一开张就门庭若市。几十年间他坚持睡板床,枕木墩,站着吃饭,因为他开始行医时,夜里常有病人求医,他恐怕睡得太死,耽误病机,头下枕一块砖,和衣而眠,后来把砖头换成木墩。开药店时他都是端着碗,拿着馍,站在柜台下边吃饭,边取药。这样久而久之就养成了“警枕立餐”的习惯。临终前,他自己洗手整衣,然后卧被上长眠。人们探究他健康长寿的原因,一致认为是他坚持“警枕立餐”、长期锻炼的结果。

尚云祥北京拜师

李孟才

现代武术大师尚云祥(1863—1937),山东乐陵人。他的父亲在北京开铁器铺,以专打铁马掌闻名。尚幼年身体单弱,投师习武练的是外家拳名八番(也叫翻子)。凭他坚强的毅力,进步很快,在北京武术界也有了一点名气。他只顾练拳,不管生意,铁器铺连年亏损,只好停业,因而家道中落。尚少年气盛,好寻衅动武,因此,他又有一个好斗的坏名声。

清朝末年,清宗室庆亲王(奕劻)聘请护院人员,有人把河北省赵县形意拳大师耿继善介绍给他。耿系武术名家刘奇兰入室弟子,武艺超群。耿到庆王府不久,尚云祥即找上门来,要求与耿比武,出言不逊。才一交手,尚即被打倒。他跪倒在地,向耿叩头说:“我到处求师,今天才找到了。”耿再三推辞,尚跪地不起。耿无奈,只得说道:“我给你介绍一位师父,他名气比我大,武艺比我强。”尚请问是谁,耿说:“李存义,行吗?”尚又叩了一个头,谢耿老师的好意。耿又说:“有一个条件,你要改掉好斗的脾气,能做到吗?”尚表示坚决改正。

于是耿继善到李存义寓所,说:“师哥!我给你收一名徒弟，就是尚云祥。你比我名头大，把他挂在你的名下，你事务很忙，我教他练功。”李答应后，耿继善带着尚云祥拜见了他，并举行拜师典礼。从此，尚随同耿改练形意拳，又不断随李师去各省保镖，经常受到教益。日久年深，经李、耿两位名师指点教诲，他终于成为形意拳门的佼佼者。

1930年我到北平求学，经亲戚介绍，到北新桥大街四民武术分社跟赵振尧老师学形意拳。赵老师是赵县人，也是耿继善的得意弟子，尚云祥拜师经过就是他说给我的。

我在赵老师处，经常见他的几位师兄来访，其中就有尚云祥。尚谈到耿继善时，称师父而不称师叔。一些有关尚云祥的记述，都只说他的师父是李存义。足见这两师一徒的曲折经过，知道的人还很少。

昙花一现的济南东安市场

方本壮

本世纪二十年代，济南商埠已经相当繁华，较大的商场有西市场、新市场、万紫巷、劝业场、萃卖场等。1926年奉军入鲁，张宗昌当了山东省军务督办兼省长，他声色犬马，不可一世，先在经七路创立了一个“游艺园”，内设京剧、评剧、文明戏剧院、说书场、健身房、台球、网球场、滑冰场、滚球场、竞技场等，一心仿效北京天桥，形成一所大型综合娱乐场所，中餐、西餐、南北小吃更是应有尽有。但他仍以为未足，还在经六路南至经七路和纬一路西至共和街东，占了军阀张怀芝的约二十多亩空地，于 1926 年秋后用竹木苇席扎起了戏台，每天中午开戏唱到傍黑，有时也挂上汽灯演夜戏，剧种是河北梆子，吸引的人很多。不久在空场的南端又建起一个可容四百人的戏园，改唱五音戏。随之商铺、商棚建了许多，都在戏园以北、以东成行排列。余下的几个空场，尽被卖艺的、说书的、说相声的、占卜算命的所占用。南、西、北三面都建起大门。南门通经七路，西门通共和街和纬二路，两个北门都直通经五路，门上横书“东安市场”四个大字，每天来往游人络绎不绝。他一心想把这里建设得与北京王府井大街的东安市场一样，只可惜好景不长，1927 年他被南军(北伐军)打败，这座初具规模的剧院商场就作了伤兵收容所。济南的“东安市场”从此已不复存在。

莒县曾名震东县

刘光义

民国二十七年 2 月 22 日，日寇坂垣第五师团兵临莒县，国民党第五战区第二路抗日游击司令刘震东驻守该城。刘手下有两个大队、五个中队，官兵不足千人，长短枪仅二百五十余支。同时驻守莒城的还有四十军的一个团、县长许树声的一个混成旅。刘震东任守城总指挥。

日军武器精良，训练有素，远非我军所能比拟。发起进攻，以城北门为主攻点。刘震东率部在此把守。双方激战，异常惨烈，刘将军亲临城头，与官兵一起，打退敌人一次又一次的进攻。血战一昼夜，我军伤亡惨重。刘身中数弹，仍然屹立城上指挥，直至最后牺牲。所属官兵，皆以他为楷模，拼命坚守，终因寡不敌众，23 日，莒城沦陷。

刘震东牺牲后，第五战区司令长官李宗仁在徐州亲自为他主持召开了隆重的追悼大会。中共中央和八路军领导机关也送了花圈、挽联。其中朱德总司令和彭德怀副总司令的挽联是："战事方酣，忍看多士丧亡，显其忠勇；吾侪尚在，誓必长期抵抗，还我河山。"随后国民政府军事委员会正式追授刘震东为陆军中将，并将莒县更名为震东县。

刘震东(1893—1938)字曦洲，山东省沂水县张庄村(现属沂南县)人。世代务农，少年时代读过两年私塾，1912 年只身逃荒东北。后入奉军当兵，依次升为排、连、营、团长，1925 年被任命为第四骑兵旅旅长。后来由张学良推荐，担任奉天警备司令。1931 年"九一八"事变，奉军撤入关内，他留在东北坚持抗日，将一些零星部队组织成抗日义勇军第五军，自任总指挥。1933 年加入冯玉祥的抗日同盟军，不久考入北平陆军大学。"七七"事变后，在国家生死存亡的紧要关头，他挺身而出，招募部队，被李宗仁委任为第二路抗日游击司令。殉国时四十五岁。

“迷魂阵”至今迷人

周大全

阳谷县有个神秘的村庄，名迷魂阵村。1925年的一个夜间，一支奉系军队因参战调动，由西(莘县)往东(阿城)转移。行至阳谷县以北十五里处的迷魂阵村，因先遣部队突然迷失方向，难以出村，致使大部队无法前进而贻误战机，最后只好请当地人作向导，才顺利走出村庄。由此可见，迷魂阵村果能迷魂！

迷魂阵分为大小两个村，小迷魂阵村大，大迷魂阵村小。尤其是小迷魂阵村，始终保持着奇特的建筑格局，全村分前后两街，村庄整体走向从东北向西南又向西北，整条街中段折一大弯，呈牛角形。街道斜曲，无一致方位，房屋则随街道而建，斜度不一，定向各异，同一条街的堂屋方位角却相差90度不等。外地人光顾，对方向、时间均会产生错觉。随着街道斜曲和房屋的交错，会使人感到方位随时在变，南北中有东西，东西中有南北。在时间上，若依太阳定时，时差甚远，在前街不到上午10点，日头已是正午，而在后街看似正午，实际已是下午4时。当时曾有这样的民谣：进了迷魂阵，状元也难认；东西南

北中，到处有胡同；好像把磨推，老路转到黑；媳妇进门几十冬，东西南北难说清。

曾有一外来卖豆腐的老者，绕村转悠几圈没走出村，他看到好几头小花牛，曾感慨说："这村真大，这么多的小花牛啊!"其实他所看到的却是同一头小花牛。如今，人们到了迷魂阵村仍如入迷宫，清清楚楚进去，迷迷糊糊出来。前几年，解放军总参谋部和沈阳军区等单位曾派人来作过实地考察，对其迷人处也没得出明确的结论。

关于迷魂阵村的历史资料甚少，只是在民国时代的石碑碑文上有这样的记载："迷魂阵……相传为孙膑用兵地，神其术数，运其兵法，以迷魏师魂而夺其魄，以制其令者也。"

聊城运河粮船

吴云涛

偶与本街一位老人常翁闲话往事，他高龄九十有五，尚健谈。述及过去的聊城，絮絮叨叨，难以尽记。今片略写之，以作邑之点滴掌故。

当年运河行驶粮船时，东昌府(今聊城)是挺火爆的，人烟稠密，商店鳞比。东关紧靠大运河，那附近的后所、朱家窑等地，酒楼妓馆，歌舞弹唱，酒绿灯红，彻夜达旦，极尽旖旎繁华之形形色色。过往粮船皆分"帮"，各有旗号。头帮船到码头，例必鸣锣喊号。所谓喊号，即喊出水手们惯能而熟练的口号，类似歌唱，系以方言谐音形象的雄壮语言，表达出他们的字号与壮举，听上去很有味道。这喊号声此起彼伏、抑扬顿挫，回荡于运河两岸，连续不断。也有的船破篙敝桅，载量不多，以“穷八帮”称之。

一只船装漕米二百四十石，船上的管理人员——水手、掌舵等，共四十多口人。船上除装官差之漕米外，还外带货物，如南方土产、药品等类，沿途销售，以为外快。却有投机之辈，跟着粮船走，每停泊一个码头就假充随船而来的“南方蛮子”撂地卖“镇江膏药”，怪声怪气地叫啸一阵，引得很多人围观。他们要弄“钢条”(巧语辩才)，说得天花乱坠，居然也会骗到不少的钱。其实他们那镇江膏药是假的，是惯走江湖的一种“生意”(此“生意”二字，泛指江湖人以种种诈术骗钱的行为)。粮船上人最信神，开船时必放鞭炮供祀大王。运河流域沿岸大王庙不计其数，可见那时迷信之盛。

运河的粮船促进了南北物资交流，也给沿河各个码头带来工商业的繁荣发达。东昌府的土特产乌枣每年大批南运，全靠运河。每年秋后，附近的茌平、博平、阳谷、清平等县的乌枣做成，皆集中于东昌府，形成枣市。六帮枣客麇集，好不兴旺。从光绪二十六年(1900)起粮船停驶，这里的枣市也就无形衰落下来。

祖孙三代矢志修桥

贺懋莹

台儿庄、邹县一带,至今流传着祖孙三代矢志修桥的佳话。

邳州(今江苏省邳县)谭墩有一位善士,姓谭名成洛,字营都。自清嘉庆年起,他经常往来于台儿庄、邳州贩卖食盐,而必经之路的陶沟河上,竟无一座渡桥。河水深浅不等,涉水过去非常困难,他发誓早晚在此修桥,以方便过往行人。后来他有了钱,便慷慨捐资万余串,在陶沟河上兴建一座石桥。可惜动工才几个月,谭成洛便突然病故。

他的儿子谭君楷继承父志,继续修桥,终于大功告成。桥长百余步,宽可并行两辆大车。石桥修成多年,经风雨剥蚀,车马践踏,桥身已有几处倾圮。光绪五年(1879)春,其孙谭秀冬想到先辈造桥之艰、行人跋涉之苦,乃步祖父后尘,捐资千余串,重修陶沟河石桥,经两个月而告成功。

邑人感其祖孙三代矢志修桥之诚,遂于光绪五年闰三月二十四日立碑以志其功。此碑仍存。

民国十一年(1922),因桥身又有损坏,谭姓乃出卖祖茔林木,备资大修一次。其桥一直留存至今。

“永久团体”与《海王》报

王超凡

“永久团体”是范旭东创办的久大、永利、永裕、黄海四个单位组成的企业集团的简称。其中久大创办于 1916 年,原始资本五万元;永利碱厂始建于 1920 年，资本四十万元;1923 年又集资八十万元在青岛办起永裕盐业公司；稍后又在天津首创了“黄海化学研究社”,凝聚了诸多著名化学家。从此基本形成了“永久团体”(也简称“永久黄”,其中“永”字兼指天津永利、青岛永裕以及后期成立的南京永利)。

1928 年，范旭东以创办人的名义出版了内部刊物《海王》旬刊,共发行七百余期,其编辑部是久大、永利、黄海和永裕的联合办事处,每一期都在醒目的部位标明该团体的四项基本信条:

(一)在原则上绝对地相信科学;

(二)在事业上积极地发展实业;

(三)在行动上宁愿牺牲个人顾全团体;

(四)在精神上以服务社会为最大光荣。

从采访得知,该信条不是范氏自撰,而是与侯德榜、李烛尘、孙颖川共同制订的,故能成为

普遍遵守的规则。

范氏谢世后，继任董事长李烛尘于抗战胜利不久，在南京永利职工大会上演讲时，对“团体”精神作了高度概括。他说：“本团体过去三十年的艰苦创业史，留给我们的优良的传统——民主的作风、感情与纪律的统一，证明我们的事业只有走上社会化，换言之，只有把事业为大众谋福利、为大众所共有，才可立于不败之地。”这种崇高理想和超前意识，在商界实是非同寻常的。

足蹬大成永，头顶一品斋

杨瑞生

清末民初，济南城内芙蓉巷，原是一条鞋帽店云集的商业街。其中最著名的有两家：一为大成永，一为一品斋。大成永卖靴鞋，货真价实，信用昭著。常夸说他的靴鞋里、面、袼褙全用新布，不仅坚实耐穿，而且穿着舒适，永不走样。有顾客切开鞋底检验，确实如此。另一家帽店一品斋的帽子，也因里外全用新料好料，而且裱制得法，缎面经久不变色，帽盔雨淋不变形，也是一家卓有信誉的帽店。二店皆驰名省内外，便有“足蹬大成永，头顶一品斋”之说，两家皆生意兴隆，发了大财。大成永店房现尚存在，雕梁画栋的铺面虽已剥蚀,而宏伟的建筑依然可观。地址在芙蓉巷涌泉胡同口。

青州剪子巷

石家勤

青州城里有条剪子巷。清末民初,这条巷子两边布满了剪子作坊。铁匠炉边,铁锤飞舞,火星迸溅,叮叮当当之声不绝于耳,选购剪子的人来来往往,十分繁荣兴旺。

青州生产剪子已有三百多年历史。清代中后期,剪刀作坊即已发展到十数家,如"兴顺"、"东增号"、"德丰号"、"三合顺"、"德聚成"、"永成号"、"金盛合"、"天合成"等,年产量达十数万把。辛亥革命到抗战前夕,剪子巷的剪刀作坊增至二十余家,年产量达十八万把。剪子巷靠近东城墙,城墙边有两眼大水井,水质清澈甘洌,用以为剪刀淬火,可使刃口特别锋利耐用,这就是剪子作坊全部集中在这里形成为剪子巷的原因。

青州剪刀,家家优质,信用昭著,远近皆知,尤以"大三"剪刀最为出名,素有"齐家锥子任家刀,大三剪子不用挑"的美誉。"大三"剪刀是刘家生产的。刘家原籍章丘,祖辈打铁,推车干活,在青州是制作和修理小农具的铁匠,后来学做

剪刀。在其擅长锻工的基础上潜心钻研，注重质量，使青州剪刀的传统工艺更发扬光大。刘家的剪刀里股带一凹槽，好磨好修；清钢利刃，硬度适宜；松紧适度，样式美观。为区别于其他作坊的剪刀，刘家剪刀一律用钢模冲上“大三”二字作为标记，其实刘家的商号是“兴顺”。其产品全部经过认真检查，非精品坚决不许出售，可见这“大三剪子不用挑”的美誉得之绝非偶然。刘家的徒弟多，出徒自立作坊的也多起来，如“东兴顺”、“同兴顺”、“勋记”都是兴顺的分号，也都打上“大三”标号。久之“大三”叫响了，倒把“兴顺”这个字号忽略了。

博山炉与博山

张茂荣

博山炉是古代的一种熏香炉。常见的文物研究专著，都把博山炉的命名与今淄博市的博山地名相联系，认为博山炉取名源于博山。如商务印书馆 1940 年初版、1948 年再版的《金石学》(朱剑心著)第二编“说金”有“熏炉”一条，谈博山炉时即说：“按博山，在山东青州，炉盖像其形，因以名之。”后来出版的《〈陶说〉译注》(傅振伦译注)也基本沿用此说，于“宋器”一节注释博山炉时，以“今山东淄博市博山，广通阔大”为例证，说明“博山炉”的取名。《中国民间美术艺人志》(钱定一编)在“金属工艺艺人”一节中注释博山炉时,也说“它的名称,因炉的形状极像山东博山的山形而得名”。凡此种种释博山炉命名的说法均属望文生义,与历史实际并不相符。

博山作为地名出现的时间很晚。隋、唐时,此地称颜神,属淄川县,宋代名颜神店,明代是青州府益都县颜神镇。到清雍正十二年(1734)才设置博山县,属青州府。北京大学侯仁之教授曾撰《淄博市主要城镇的起源和发展》一文,考查博山设县的历史时就说“博山设县很晚”。而博山炉在汉、晋时期已盛行于世。晋人葛洪托名汉人的著作《西京杂记》卷一,有两条明确记述“博山香炉”的资料,也是上列著作曾注意到的史料。细究博山炉的命名,乃指炉盖上雕饰的山峦形状广通博大,与一千多年后才出现的山东博山地名并无任何关联。汉、晋之际的器物,决不会因清代所设的博山县而借鉴取名。

相反,博山的取名则受博山炉的启迪。宋代开端至清初盛行的金石考据之学,使青铜器包括博山炉在内,为世所重,考释定名的著作不断出现。博山炉身价也为之倍增,其名称亦为文人墨客重视起来。明、清之际的颜神镇以陶瓷、琉璃生产名重当时,此地多称这种行业为“炉业”,即作炉工的行业。因此,博山设县之前,境内南部地区即名为南博山、北博山,连同以后的县名博山,均是受了博山炉一名的影响而取的,意在形容当地山峦的广通博大。

临清琐记

吴云涛

一

山东临清，清为州治，系大运河之重要码头。西濒卫河，舟楫络绎，向有“小天津”之称。

临清东郊有一古松，苍郁密槎，干为三人合抱之巨株，不知植于何年。树之枝干四伸分岔，萌生之叶各异，得五种不同形象，故称“五祥松”。某年，树窟忽冒浓烟，袅袅冉冉，微现火焰，泼水、填泥，全难遏止。历七八天自熄，树无恙，今尚翠密可观。

二

民国年代，临清中医有名侯寿泉者，擅儿科及水臌，有秘方绝不传人。自营药肆，配方售药，求诊者户牖为塞。村有丁恒九者，患水臌濒危，腿、腹挺胀如牛，已奄奄待死，后闻侯医治此症拿手，其家人舁之往。侯诊视曰：易耳。授以药水两瓶，药末数包，嘱频服之，保可痊，但嘱须忌食盐半年。病者如法服药，喝下一小时，便泻不已，周身肿胀锐消，数剂后，症若失。后二十年又复犯，时侯医已去世，方无传，未得治而卒。社会间

有很多传统秘方，因保守不轻传而致湮没无从发掘，甚可惜也

三

临清昔有酱园两家，规模宏阔，罕与伦比，一名“济美”，一名“茂盛”。茂盛原是绸布庄，店东淄博籍，某年年底，东家返里度岁，命学徒去济美购腐干，欲带回淄博馈赠亲友。讵济美例有“过午不卖”之规定，虽近邻亦不肯通融。茂盛的东家怒其固执无理，赌气歇掉绸店，改业酱园。特精制腐干，日夜供应，与之抗衡。

四

临清向为水旱码头，商贾云集，人多嗜茶。茶庄甚多，名声大者为“同兴德”与“成记”两家，为竞争营业，扩大宣传，曾锣鼓喧天游行市区，散抛小包茶叶，惹得人们乱抢，很热闹了一阵子。为求招徕，同兴德的字号匾是费润金五千元请清代末科状元刘春霖写的，黑漆贴金，极尽豪华。

五

临清有“三宝”：瓜干、果脯、千层袄。三宝以外的特产是燎花、腐乳、臭豆腐、腐干。每年阴历四月娘娘宫有香火大会，地方土产畅销数量甚巨。四外赶会的香客，都要带回一点，作为馈送亲友的礼品。

烘　笼

吴云涛

烘笼，是一种传统的"烘铺"用具，冬天没有火炕的人家，户户离不了它。自从"烫壶"普遍兴开，"烘笼"便成了历史名词。

烘笼用荆条编成，也有用竹篦扎的，长约二尺、高一尺。通体有茶盅大小的疏洞，顶端作半圆形斜坡而下，留方形洞口，置入火盆。火盆用胶泥制成，每天晚饭后，从锅底掏出燃着的柴草灰烬放入盆中，有余势而不冒烟，但不炽烈。

烘铺时，把烘笼搁到床上的中心位置，把"贴身被"蒙在烘笼上，被头和被角要叠折塞紧，以免泄露热气。上面再盖一床压被，一会就烘热了。

火盆子用木炭碎末也行，比柴禾灰烬耐久，但不宜用整块木炭，因易于往外蹦火星，容易造成火灾。即使用柴禾灰也应谨慎防范。

农闲时编制烘笼，还是庄稼人的一种副业生产，入冬时挑到集上很容易卖掉。这东西成本低，价钱也便宜，住户人家一到冬天都烘铺，几乎人人一个，所以烘笼就卖得多了。

济南小吃种种

田　庄

油旋儿、烧饼、糖素玫瑰包

历史上济南小吃不少，虽没有鲁菜名气大，鲜为今人所知，却也各具特色。

从前按察司街南头有家油旋儿铺，临近街头就会听到小擀面杖敲打案板的清脆而有节奏的响声，葱油的香气也同时扑鼻而来。油旋儿有小烧饼大小，椭圆形，其里层层叠叠，片片成“旋”。原料简单，仅葱花、大油、食盐、面粉而已，烙得外酥里嫩，全靠手艺。

小油酥烧饼有枣泥、豆沙、白糖、椒盐、霉干菜、猪肉各种馅，其大小与一块银圆不相上下。多数人中喜猪肉馅，但其他甜馅也无不各具特色。霉干菜的甜而微咸尤其好吃。

糖包、素包、玫瑰豆包，其特点是纯素食。糖包是白糖馅少加青红丝；素包是粉丝、白菜或菠菜，少加炸豆腐、姜末和胡椒粉，用香油调馅，比肉馅还好吃；豆包是红呼或赤小呼和红枣，加玫瑰酱，味美可口，价钱公道，属薄利多销之类。

米粉、甜沫

米粉，用小米粉做成，条细似挂面，俗称浇汤米粉。汤是肘子汤。卖者多是挑担的，前担中央有炉火烧汤，四周是个大托盘放调料：虾皮、芫荽末、冬菜、紫菜、酱油、辣椒油、姜汁等。后担装有米粉及碗筷等物。米粉是熟的，吃时先将调料放入碗中，抓一把米粉放在竹编笊篱里，浸入沸锅中，略事晃动，待粉丝烫透之后，先用一勺热肘汤将调料化匀，再将笊篱里烫好的米粉倒入碗中，是为“高汤米粉”。如切些半瘦半肥带皮煮得极烂的肘肉入碗内，来一个锦上添花，这便是“肘子米粉”了。到了夏天，同一个摊主又换上拔凉败火的麻汁米粉了。米粉照旧，不用高汤，用的是麻汁汤、干麻汁、胡萝卜咸菜末、腌香椿末、姜汁、蒜汁(可随顾客任选一样)、盐水、清醋，再加上黄瓜丝作配头，喝上一碗，酸酸辣辣，饥、渴全解。

至于早点，一般市民爱喝甜沫。甜沫是用小米水磨成糊熬做成粥的，不但不甜，反而是咸的。放入菠菜、豇豆，也有放粉丝的。先要葱花、姜末煸锅。豇豆是预先煮熟临时洒在碗里的。

王禹子五香烧鸡

烧鸡串街卖的不多，济南却有。三十年代的王禹子也就是不到五十岁的年纪，挎一个长椭圆形柳条筐子，上面蒙一块深蓝色粗布，铺的盖的全是荷叶。他卖的五香烧鸡确实好，掀开粗布，喷香扑鼻。他的烧鸡不尚“脱骨”，但稀烂，耐嚼，完全保持鸡肉本味。包装也甚有济南特色，用的是大明湖的新鲜荷叶。他不单卖鸡，还卖鸡杂碎——鸡胗肝、鸡肠、鸡血，也都是用荷叶包得整整齐齐，一出锅就包好了的。包装的荷叶新鲜，柳条筐子也一尘不染，蒙着的蓝粗布更是干干净净毫无油污。他人也利落、干净，脸上从不允有胡子茬。声音有些哑，但叫卖之声抑扬诱人。

刘大子绿豆糕

人称刘大子的，当年已是五十开外的人了，稀疏几根胡子，留着小辫，驼背，四季挑担走街串巷。冬春卖脆萝卜，捎带着红薯片；入秋则卖干面地瓜；到了夏天就改卖绿豆糕。绿豆糕是用上等绿豆和大红枣放到瓦盆里焖熟的，质地结实，全无水分。扣过来放在一个木板上，罩上一块润湿的白布，随卖随切，也是用新鲜荷叶托给你。因为枣多，吃起来很甜，一个铜板，足够孩子们一顿点心，真是价廉物美。

回回烧饼

从名字就知道是回族食品，但汉人也都喜欢吃，是黄面的，比一般烧饼略大，少带咸味。烙成后呈上下两层，上面有一层芝麻，中间空心，正好能放一根油条或一个香油馓子。刚烙出来，就是单吃，不加什么，也喷香可口。烙时不用煤炭，用的是木屑，其炉两层，上面是烤下面是烙。卖这种烧饼的不只一家，多在杆石桥一带回民聚集的地方。有人特别买回晾干，专嚼那股硬韧劲儿，也有将其炸得透焦而食的。

洛口清醋和枣果

清醋、枣果是当年洛口镇上的两大特产。

清醋是因其色泽清淡似清茶，吃起来并略带甜味，济南人都爱用其拌凉菜或蘸饺子。拌凉菜其色不混浊；蘸饺子其酸不刺口。

枣果是其学名，一般老百姓都叫它为“枣疙垃”(这里仅取其土音)。原料极简单：面粉和枣泥。是一个个枣泥馅面饼，较薄而小，直径不过两市寸，用烤炉烤制而成，吃起来焦酥崩脆，甘甜可口。

曹州府的柿霜

田　庄

山东省曹州府的柿饼是颇负盛名的，但所产柿霜尤为著称。这种柿霜加工成小饼，上面呈圆弧形，包装在极其讲究的木匣里。木匣是黄色，其盖为抽拉式，上面刻有隶书体绿色题字“曹州贡霜”，极其雅致美观。其霜甜中透凉，到口即化。大凡口疮、喉疼等症，一吃即愈，堪称甜美良药，食疗佳品。

博山烧肉

昃继广

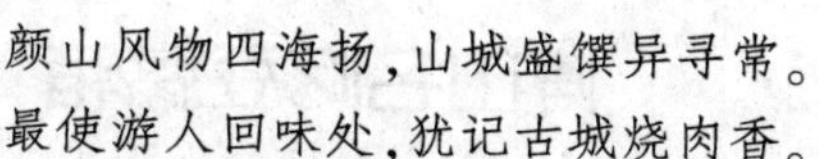
颜山风物四海扬，山城盛馔异寻常。
最使游人回味处，犹记古城烧肉香。

这是到博山旅游的客人对当地名吃烧肉的赞誉歌谣。烤肉，博山俗称烧肉，具有悠久的历史。北魏贾思勰在《齐民要术》里，评述了“炙豚法”，即将整猪加上佐料，以柴火烧熟而食之，这是原始烤肉的方法，至今章丘烤猪犹用此法。博山烧肉在制作方法上则有改进。

清光绪三十一年(1905),博山“远兴斋”经理钱振远改进了传统整猪烧烤的方法，精选五花鲜肉,劈成约二十厘米长、五厘米宽的长条,搓入适量的细盐、花椒面和白糖,经过五十分钟浸润,再晾五小时,待风干适度,用铁钩挂入特制的烘烤炉里，用文火四面翻烤，约四小时即烧熟。这种小条的烧烤法,烧的透,四面见火,熟得均匀,烤得快,富原始风味,异香扑鼻。烧肉的木料选用柿木、桑榆等质硬、耐燃木材,禁用有邪味的松柏木。故而具有皮酥肉嫩、醇香味美、肥而不腻的特点。刚出炉的热烧肉,呈金黄色的皮泡,松酥可口,如撒上白糖,用荷叶包后再食,清香鲜美,别有风味,堪称博山一绝。烧肉瘦的可作拼盘,肥的可用薄粉皮烩之,或用之炖豆腐,烧黄芽白菜,都有特殊味道。这种色、香、味俱佳,脍炙人口,四季咸宜的地方名吃,既可作家庭的方便菜肴,又可当礼品馈赠亲友,更可作为宴席上的美味。

博山名吃豆腐箱

昃继广

博山传统名吃豆腐箱,是博山一绝,早已列入山东名菜谱中,驰名全国。

博山豆腐箱的主要用料是：博山豆腐、五花猪肉、海米、木耳、玉兰片、椿芽、香油、花生油、味精以及调味品。制作方法是：用博山豆腐(博山豆腐不用卤或石膏点脑，而是用“酸浆”作凝固剂，压制而成，鲜嫩可口，质地结实，宜于造型)，切成约寸长、五分宽、六分厚的体块，用热油炸成金黄色，从一侧面切开成箱盖，揭盖挖去豆腐瓤，呈内空小箱。然后装上炒好晾透的荤馅或素馅，加盖用粉糊粘口，装盘摆成塔形，上笼蒸半小时取出。另在炒勺内放入适量的花生油，油热投进蒜片，用食醋烹出香味，然后加入高汤、料酒、酱油、味精，再用湿粉团勾芡，浇淋在豆腐箱上即成。

博山豆腐由来已久。据传，清朝乾隆皇帝下江南时，曾“临幸”博山，瞻仰已故相国孙廷铨的故居。在相府招待用膳时，特上了豆腐箱这味菜。乾隆帝食后，赞不绝口，重赏厨师，传为佳话。咸丰年间，博山厨师张登科在本邑山头镇开设了“庆和居”饭馆，以精心制作这味名菜而顾客盈门，享誉全城，渐亦传艺外地。民国初年，博山“同心居”饭庄掌柜李同心烹饪此菜，高人一筹，他不仅改进了豆腐箱馅子的花样品种，而且别具匠心，宴席时在“豆腐箱”周围浇上一圈优质白酒，用火点燃，火光呈蓝绿色，映照着金黄色塔形的“豆腐箱”，美其名曰“火烧金山寺”，火焰时隐时现，更增一番雅趣。新中国成立后，随着人民生活的提高与商业的发展，博山豆腐箱在制作上也不断革新和改进，由单一的豆腐馅

和肉馅改进为三鲜馅、虾仁馅、蟹黄馅、什锦馅；由单一的方块形而创新为三角形、菱形，并刻上花纹，配以各种色彩，形成了色、香、味、形俱佳的博山豆腐箱。凡来淄博人士，咸以一尝为快。

夏津有三宝

刘玉澄

麻豆腐、甜酱、扫街土向称夏津三宝，远近皆知。

麻豆腐是将绿豆粉做粉条、粉皮剩下的粉渣用细布包成小方块，压去水，成品如豆腐干而较厚，表面粗糙如麻子，故名。县城东三里许王庄，做粉条者很多，故称“臭粉王庄”，做的麻豆腐特佳，质地细腻，色泽鲜绿，具有异香，驰名遐迩。村民多在晨时担着串乡叫卖。麻豆腐有两种吃法：一是撒上细盐、葱花、香油，调拌均匀，吃起来松香可口；二是撒上细盐、葱花、花椒面、姜末，搅拌均匀，用花生油在锅里煸炒。

夏津甜酱气味特佳，驰誉遐迩，而城南五里许的地藏寺村，出产的甜酱更是与众不同，可以生吃，也可用以炒菜。夏津县的菜食之所以特别味美，与甜酱有密切的关系。

扫街土是城内扫集的碱土，经济价值很高。夏津县城座落在古黄河大堤之下，地属碱性土壤，每晨盐碱上升，碱霜满地，宛如一层薄雪。贫民黎明沿街扫集碱土，浸入冷水，渗漉在大盆中，再将碱液煮成盐、硝、卤三种成品。盐俗称硝盐，味苦咸，用以腌卤咸菜，清脆好吃，别具风味，如著名的镇江肴肉，色鲜味美，就是用硝盐泡制而成的。金华腌制火腿亦必以此为原料。远近客商，纷纷争购，远销冀鲁豫各省。硝是兵工厂制造炸药、火药必不可少的原料。卤是黑色汁液，味苦有毒，可供制豆腐之用，俗谓"卤点豆腐"。所以夏津县的扫街土也成了宝物。

乌　枣

吴云涛

过去聊城是大批生产乌枣(又名黑枣、胶枣)的地方。其质量虽稍逊于博平(县名，今并入茌平)枣，然如以博平之熏制工序操作，所出成品亦颇可观。

从前，聊城的东乡、南乡、城厢附近，枣树甚多，因而年年枣季，做乌枣的场子村村皆有。其做枣程序：先收买滑枣(生枣)，入场后加工挑拣，以个头饱满匀称者为合格。拣好后即下于沸水，半熟捞出，倾凉水缸中激之，是谓"枣坯"。坯晾干，即"上炕。"炕掘室内或敞棚中，深四尺许，长可抵房之墙根。炕上覆秫秸箔，枣坯倾箔上，摊

匀约二寸许，盖以席，下燃木柴，热气升腾。有专人司“看炕”之职，炕火应旺应弱，灵活掌握，不可使其或高或低。如操纵失当，直接影响到乌枣产品成色的优劣，故看炕非有经验不可，掉以轻心即受损失。

炕下之火不可过高，距箔二尺许。如炕的面积占满三间房，火可分三堆，如炕过小，一堆火即可。火有热、有烟，枣坯受其烤烘、郁蒸，水分渐消失。熏烤一夜，次日揭席，挨次将枣翻一遍，谓之“扒坯”，亦曰“翻炕”。翻后，再火熏烤一夜，又翻炕，再熏烤一夜，是谓“三遍火”，至是基本已算成品矣。下炕后，摊案子上，再加挑拣。内有火候不够，体态软柔者，必再上一次炕。枣以四遍火为较好标准。全部成品之后，再加精选，挑出“二枣”，即压扁成饼形难以入选之枣，及个粒小而不相称者。有的再于成品中挑选顶大顶好的枣头，是谓“极品”，其余为一般成品。

聊城村民做枣者，多是待价而沽，原铺卖出(铺，指摊在炕上的枣)。惟阳谷县属一带农户迥异于此。他们自做之枣，辄自发江南，江苏之南京、镇江、常州、无锡、苏州、泰兴等地皆有代客销售北地土产之行栈，主要集散地为上海。

清末至民初，上海之乌枣论值，以银子为单位。银子一两，可按时价折为制钱一吊六百六十文。后制钱改铜元，此数额不变，折价多少视银价涨落而定。

市场交易，枣论“包”，每包约为二百四十斤，售价以多少银子为标准。例如每包一百两银子,即等于一百六十六吊也。制钱或铜元,例为“九八”,即九百八十文为一吊。

清代河兵发饷

张国梁

清代河兵的薪饷，虽说是月薪，但并不每月一发，一是因上边欠饷，二是河官扣饷，挪作他用，一年之中仅发几次。发饷时，仪式非常隆重。事先选好吉日，院子里摆两张方桌，桌上铺红毡。两个师爷分坐两边，营长大人端坐正中。河兵们身穿号褂(前后身有“兵”或“勇”字，无袖)，排列东边站定，一个师爷唱名(念名册)，一个师爷平银片(分发事先化好的碎银片)。当河兵听到念自己的名字时，立即喊一声：“有!”急步到方桌前行一个清朝的半跪礼，口呼“请大人安！”双手接银，再后退一步，仍行半跪礼，口呼“谢大人！”退到西边站定。这叫“走东过西”。饷银发完，由营长大人训话，话毕河兵们齐喊：“喳！”即散场。

据滨县黄河河务局老河工傅兰亭口述。

吹鼓手张廷深轶事

牛 津 刘明志

张廷深(1904—1980)，青岛市崂山区汉河村人，少时不得温饱，从吹鼓手学艺。及长，技艺超群，闻名乡里，遂自营红白差赁货铺兼鼓手班，喜、丧主登门延聘者日众。

旧时吹鼓手讲义气，重扶危济贫，而廷深复饱尝德、日帝国主义压迫与军阀统治之苦，爱国爱乡之情更深，更注意弘扬优良传统，对前来租赁红白差之贫困户，多视其家境状况，减收租赁费(红差全费一般为银元四元)，而差具饰物毫不逊色，吹奏力求热烈。仅此一项，便深得民众赞誉。尤有奇者，为资助族人张廷孟投笔从戎一事。

张廷孟1908年生，家贫，少年丧父，赖其表姐丈张维纪供养，就学于李村高等学堂，1924年毕业后，立志赴广州投考黄埔军校，惟路费无着。廷深得知，毅然卖掉赖以谋生之吹奏大号，得银元十余元，全部赠予廷孟，勉励其为民除

害，为国雪耻。临别时，廷深又含泪相送。

廷孟考入黄埔军校第三期，抗战期间任国民党空军第一路司令，与日寇作战，建树颇多。1945年日本投降后，廷孟回汉河村探亲，与廷深畅谈抗战中军民疾苦及抗击侵略者之快事，并奉赠银元五百元，以酬答当年资助从军之恩。

八卦拳大师宫宝田

姜洪军　苟其鳌

八卦拳大师宫宝田，清末拜八卦拳创始人董海川的大徒弟尹福为师，后蒙董亲自指点，得其真传。曾任清宫五品警堂侍卫，民国年间又担任过张作霖的奉军武术总教练兼保镖。宫氏的故事，至今仍在其家乡——山东乳山一带广为流传。

1922年，张作霖慕名邀宫大师赴奉天。在接见宴席上，张见他身材瘦小，貌不出众，疑心他徒有虚名，言谈中流露出想见见他的真功夫之意。宫早就看出张的心思，便于酒酣耳热之际，请求见识见识张的枪法，自己甘愿当靶子。在座的人一听都惊呆了——谁都知道张作霖玩起枪来比用筷子夹菜还熟练，夜间打百步以外的香火头都百发百中，更不用说一个大活人了！张也心存疑虑，对宫吼道："妈拉个巴的，不要命啦?"

但见宫神态自若,也就勉强应诺。

大家来到花园,都为宫捏着一把汗。宫走到二十步外,面对张站住。张拔枪在手,说道:“打你左肩。”枪响后,宫仍然微笑着站在原地未动。张有点急了,颤声喊道:“妈拉个巴的,你小子是存心出我的丑哇!”说着又举枪欲射,可是眼前不见了宫。忽然人丛中有人呼:“大帅身后!”然而没等张转头,宫的双手已经捂住了他的眼睛。张掷枪于地,哈哈大笑道:“妈拉个巴子的,还真有两下子,本帅服啦!”遂任命宫为奉军武术总教练兼其贴身保镖。

皇姑屯事件后,宫宝田离开奉军,常住烟台。其间,年过半百的宫氏得遇高徒王壮飞,心中的喜悦,不啻晚年得子,在芝罘举行拜师礼那天,庆祝宴会结束后,人们簇拥着宫到花园散步。宫见草坪上摆着几只竹箩,便弯腰从一只箩里抓起一把绿豆,双掌一搓,硬如铁砂的绿豆就成了粉末。这时,恰有两只黄雀飞临,他纵身一跃,腾起丈余,闪电般地扑向飞鸟,一只黄雀已抓在手中。他手握黄雀,飘然下落,趁势踏在一只空竹箩的边上,便沿着那箩边走了起来,一圈,两圈,三圈,在场的人都伸长脖子,瞪大眼睛,看呆了。

长寿道人和月明

袁静波

1947年4月一个风和日丽的上午，我们一行五人径至济宁北郊的常清观，由执事王作荫引领，面谒时年一百四十一岁的羽士和月明。和法师河北饶阳县人，生于清嘉庆十一年(1806)，自幼出家饶阳城北梅花山娘娘庙，潜心修道百余年，淹通道藏，六次出山募化巨资修殿塑神。民国3年(1914)法师一百零八岁时，大总统袁世凯多方资助北京白云观，使此全国闻名的古观广开善门，接纳四方云游道众。和月明亦前往白云观老人堂挂单，当时按年龄还只在观中居第三位。至1937年抗战爆发，道众密集的白云观疏散人口，一百三十一岁的和月明竟然能徒步行至济宁。当年秋冬之际，即在济宁北关常清观挂单长住了。观中执事照顾他年高道重，安置在后院小北屋，特派中年道士李某照料他的起居。

我们访问时，见他道貌伟岸，体格丰硕，修髯鹤发，面似童颜，丰准大耳，双眉长延，一副寿者之相。谈话有问必答，声音虽低而慢，却极自然，言语很有伦次，神志清明。言及养生秘诀时，和月明侃侃而谈，谓出家人以清心寡欲、粗粝素斋为主。他平时和大家一样生活，只不过每月多进些豆制品，注意丹田中的“吐故纳新”，没有什么秘诀。他经常闭目养神，但非瞌倦。有时在阳光晴朗之下慢踱院中，双目圆睁，对日长啸，似温吐纳之术。他还应邀坐于院中，执佛尘与我们合影。我们一行公议以一百四十一岁高寿撰联以赠，众推刘桢先生挥就，联曰：“伴青磬红鱼，曾重逢花甲，又增三七岁月登上寿；居蓬壶丹丘，已两度古稀，再越一个春秋享遐龄。”

后闻和月明法师于1954年在观内羽化东归，享年一百四十八岁。

聊城三杰

吴云涛

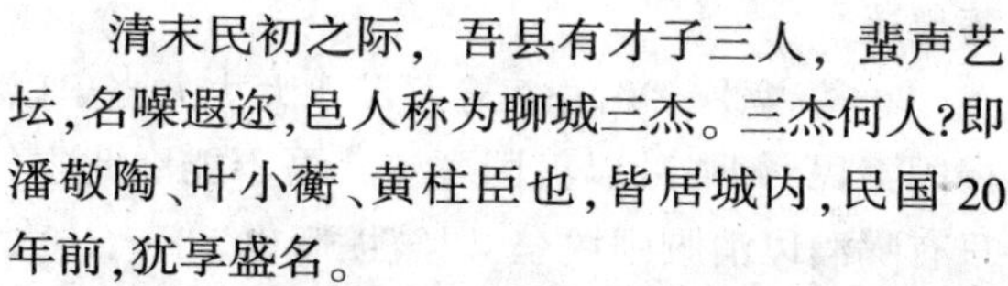

清末民初之际，吾县有才子三人，蜚声艺坛，名噪遐迩，邑人称为聊城三杰。三杰何人？即潘敬陶、叶小蘅、黄柱臣也，皆居城内，民国20年前，犹享盛名。

潘敬陶善书法，尤擅写山水人物，工致精妙，得者宝之。曾绘地方风物《十二连桥》长幅画卷，画中人物杂沓，街巷错落，有市井、寺庙、楼阁、茅舍、酒帘茶灶、骡车鸡犬、树木河流、莲塘浣女、渔帆钓舟，其间景色点缀，人物动作，姿态栩栩，呼之欲出。画幅长达一丈六尺，后来被东临道道尹周树标相中，给酬金五百元要去。复托北京荣宝斋精工绫裱，视为瑰宝。可惜潘敬陶留下的墨迹不多，如今已很少见到了。潘为邑中名秀才，刻有诗集。

叶小蘅擅篆刻，但轻易不欲奏刀。所治印结字构体，一本于秦汉印术，分朱布白，明净雅洁。尤以篆刻多字之印，颇得疏密有致、安详隽永之韵味。他所用刀，圆杆而钝刃，别人难以掌握的，但到他手里却能控制得法，屈伸维则，茂密苍劲，令人看了有神情爽朗之感。晚年他更肆力于书画，酷爱文艺。书则篆法猎碣，而略参己意。虽隶真狂草，率以篆籀之法融会其中。他善画松梅，而以兰石竹菊及杂卉为最著。他常常作山水、摹佛像、写人物，大都自辟町畦，独立门户，宗述于八大山人、大涤子等，然别有风韵。聊城西堤吕祖堂，殿宇宏阔，花木饶胜，东跨院三契堂有巨幅篆书《太上感应篇》悬于东壁，即叶小蘅墨迹。

小蘅喜饮，平居每与人言："大丈夫当出以捍国卫民，御强敌以巩固疆土。吾不能展此志，只有喝酒以消胸中块垒，以解愤慨也。"一日，大雪纷飞，独酌意不自聊，叱其子曰："到外边给我拉个人来！"俄而拉入一推水车者，其邻叟也，强其对饮，临走以敝袍与之。

县长某，慕其名，欲倩以为治印。小蘅素厌其贪婪，拒之。后其友人告曰："县官将不利于子，可暂避。"乃去乡村，潜隐城南戴庄亲戚处，历二年不复进城，闲写《村民闻见录》，述农村风俗事物甚详，惜未付梓以传也。

黄柱臣，住考院街之南。深耽医学，经验堪称。其祖乃父世业歧黄，柱臣幼承家学，尤擅幼科。他曾从叶嗣高先生(见本书叶嗣高篇)学习，勤苦钻研，冬夏不辍，在叶大夫悉心指导下，造诣颇深。年甫十九，经亲邻师友再三鼓励，开始行医，但未正式悬壶问世，只在家中为就近街邻义务应诊。同时，他同师受业的朱筠轩师兄也经常协同他应付诊务。空暇中两人研读《内经》、《伤寒论》等今古医籍，孜孜不倦。平时诊断病理，辨症施治，不为古泥。

黄柱臣一生轻财好施，喜收藏名人墨迹书画及金石古物。就诊者虽多，收入却不丰厚。所居城内西南角，地僻径斜，俨如山林，茅舍数椽，扎竹为篱，藤萝蔓曲，屋小而深，笔床共灶，位置整洁。院外溪边，杨柳浓密，大如云栖深处之洞壑幽庐。遗著有《幼科指迷》及《荻窗医案》等。

“黑脖儿颈”与“拧八股绳”

吴云涛

旧时代，聊城各行业多有以土语代名的诨号。

“黑脖儿颈”，是指干“勤行”(饭店厨师，及赶集设摊卖面食、甜沫、豆浆等)一类的人。因此种行业天天烟熏火燎，洗脸也不彻底，脖颈间常常是黑的。

“拧八股绳”，指挑担做小生意的小贩。因为挑子前后需有细麻绳八根系托所挑之物，使其平衡。凡是担货上街串巷喊卖者，皆以“拧八股绳”为其行业代名词。

又，零卖东西以秤测其重量的行业，在外设摊喊卖的小商贩（如水果、青菜之类）称为“拧秤杆子”，店铺称物者无此诨号。还有，刷红纸的，称为“晃红铃铛”，开中药店的叫做“拉药抽屉”，承揽下乡催讨粮赋、漕银者谓为“背里份褡子”等等，不一而足。

一个地方的土语，也随社会变更而忽兴忽灭。上述各个行业的代名词，从五十年代就已消失，现在的青年人亦莫从听到了。

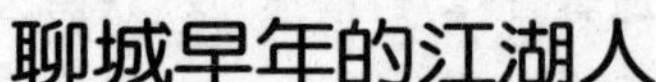

聊城早年的江湖人

吴云涛

旧时代，闯荡四方、浪迹江湖，以口艺辩才谋取衣食者谓之“江湖人”，如医卜星相、说书卖艺者，皆属之。

聊城早年，在外地以相面、算卦，颇获名声者，有三人：

衣正明，城东乡大衣庄人。业相面术，常年

设摊于济南商埠之新市场(当年称南岗子)。民国20年前后，声誉甚响，济垣人士皆知此“衣半仙”,每日求相者络绎不绝。辗转介绍,门庭若市,故累岁所入不赀。晚年辍业,息影田园,享了几年清福。弟子某,传其衣钵,然大逊乃师。

又,民国二十年至三十年之间,有“万年穷”者,卖卜于津沽,善六爻、批八字等术,会者甚多。其名颇流传于当地社会各阶层,天津小报恒载其轶事。甚至达官贵人、妓女舆夫亦多趋而求算,据言历年甚发财。“万年穷”亦聊城人,名刘玉岭,字金峰,何村不详,盖多年落籍于津也。

吾街昔有张立德先生，其早年亦曾游历江湖,乔装道士,以卖卜相面走遍数省大小码头,故其对江湖上各类赌具、骗术知之甚详。但先生只以相面炫世,绝不施诡异伪药诈人钱财,为道中人所敬重。晚年家居,经营裕兴店。凡外地来聊城“做生意”之江湖术士,“搁地”前,必先拜望张五爷(人誉颂之称),盖仰为彼道中之泰斗也。

这位张五爷,书法颜鲁公,苍劲有力,亦擅绘事,春节中为民间玩艺彩绘龙灯花船,极其绚丽好看。信基督教,对《新约》圣经故事知之甚熟,尝与人讲述,渲染其情节生动有趣,人多乐听。其为人正直淳和,邑人称之。1930年殁,年逾古稀。

秤杆上的教育

袁静波

济宁地邻孔孟之邦，文化悠久，民风淳厚，乡俗质朴，古有“君子城”之誉。民国以后，市场发展，商贾云集，其经营谋利之徒难免混迹其中，人品良莠不齐，以致商场道德逐渐败坏，少斤短两之事不断发生。此时工商界长者乃及时整顿颓风，首先从“秤杆教育”展开宣传，遂作一时之社会警钟。

修秤杆照例用铜丝均植密密麻麻的若干铜星，按规定，每星代表一两(旧制秤每斤为十六两，解放后始改为十两制)。每至一斤即用四星合组一大星，遇到伍斤、拾斤即联组较大的星花以资标志。秤杆上十六个星计量为一斤的单位，但这十六星的命义中各有代表，即由“北斗”七星、“南斗”六星及福、禄、寿三星共同组成。其颜色必须用黄铜或白铜丝条镶嵌，不许用黑色(铁丝)，喻做生意必须心地纯正，不存黑心。并规定，若少一两则“损福”；少二两则“伤禄”；少三两则“折寿”。可见当时衡器工人慧眼识星，用意至善，故修造秤杆时独具匠心。

此说系据八十岁以上老人回忆。民国初年济宁商会曾印发传单广为宣传，以挽颓风而正人心。

莒地嘎语

刘光义

莒县一带，在牲口市上，经纪人多使用暗语示价。如一头牛出价四百九十元，即说成“吊欠”。此种行话习称为嘎语。

嘎语又分为“身子”与“挂零”。以四百九十元为例，四百是此数的“身子”，九十为“挂零”。当一二三四五六七八九这些数字为身子时，则分别谓之：留、坛、品、吊、拐、挠、捏、别、弯子，整整一千为卡子，一百也为卡子；当一二三四五六七八九为“挂零”时，则谓之：丁、次、雁、虎、帖、叔、柴、卧、欠。合起来如一千一或一百一叫“留丁”，二百三十元叫“坛雁”，三百四十元为“品虎”，三百三十元为“两品”，三百二十二元为“品次次”。

嘎语常与摸袖子配合。摸袖子就是经纪人在卖或买主的上衣袖内摸指头以暗示价码，一摸食指，二摸食指与中指，三摸中指、无名指与小指，四摸食指、中指、无名指、小指，五摸五指，六摸拇指与小指，七摸拇指、食指、中指，八摸拇指与食指交叉，九摸食指弯曲。

为防经纪人从中作弊，如今市场多明说价格，已不再用嘎语和摸袖子。

行话数字"暗切头"采甄

刘俊良

旧社会，行业俗称七十二，几乎行行有行话。今采甄五种行业的数字"暗切头"，见教读者。

当铺的数字(一二三四五六七八九十。下同)"暗切头"是："由中人工大，天夫(又说王主)井羊非"。这些"暗切头"字，是以每个字上下左右露出的笔划多少表示数字的。如"由"字上面露出一个头，为一；"中"字上下各露出一个头，为二；"井"字上下左右共露出八个头，为八。

挑脚、抬轿的数字"暗切头"是："挖竺春罗悟，交化翻旭田。"这些"暗切头"字，是以藏在字里面的数字或谐音字表示数字的。如"挖"字里面藏着一个谐音"乙"字，表示一；"罗"字里面藏着数字"四"，故为四。

米行的数字"暗切头"是："旦底、断工、眠川、横目、缺丑、断大、皂底、分头、丸空、田心"。这里采用取舍一个字中的某些笔画或改变一下某个字的状态的办法，巧妙构成一个数字。如取"旦"字底下的一横为一，断掉"工"字中间一竖为二，"川"字躺着看是三，留下"田"字的中心是十。

上三段中，只要说出其中的“人工”、“交田”和“皂底、分头”，同行就知道是“三四”、“六十”和“七八”这些数字。

五金行用“棕红橙黄绿，蓝紫灰白黑”十种颜色表示数字的“暗切头”，只要说出“红橙”、“灰白”，同行便知道“二三”、“八九”两个数字。

“卦门”即马戏、杂技、武术行的数字“暗切头”是：“柳月汪在中，神形张艾菊”，只要说出“汪月”、“神形”，同行便知道是“三二”、“六七”两个数字。

五金行何以用颜色表示数字，当然有说头，遗憾的是笔者外行，难能深究其所以然。对杂技、武术行的数字“暗切头”亦属于此。欲知其来由，尚须行家补正。

私刑二种

吴云涛

从前，衙门中的捕役快班之类，多依仗其狐假虎威的权势，私下里无所不为，敲诈讹索，鱼肉良善，栽赃诬陷，什么坏事也干得出来。

捕快们职务上是捕盗拿贼，但他们多与贼盗之流暗中串连，并瓜分赃物。如果碰到倒霉的小偷小摸、剪绺等，与捕快陌生而无拉扯的，犯到他们手里，先叫你受私刑。他们瞒过县官，找一冷僻所在，滥施酷刑，惨不忍睹。私刑有“别马棒”和“扣大盆”等。

“别马棒”，是把一根马棒横别到犯人腿弯，两个人狠压两头，使犯人痛入骨髓，五内如裂，往往晕过去不省人事。

“扣大盆”，是叫犯人剥光衣服蹲到地下，用一只大瓦盆扣在他身上，拿火筷子烧露肉的部分。烧一下，肉就往里收缩，直至烧得盆外不露出肉为止。这个刑法也够受的。他们滥用这类酷刑，是硬逼小偷招供，即使案子不是你干的，你也得承认是你所为，以便捕快们交差。捕快也叫“捕班”，民初时还继承清朝那个传统，官府中因袭相沿，未加纠正和制止。

那时，聊城东关后所街北的关帝庙、运河涯的孙家窑，是捕快们私下收拾犯人之处。小偷之类犯到他们手里，如不孝敬贿赂，他们可以任意摧残，逼出口供，使你顶替别的案子要犯，不知冤枉了多少人。

丐界内幕

吴云涛

闻唐敬宇先生谈：旧社会中要饭的乞丐，其宗派系别亦甚复杂。对其中的清规戒律，彼辈极为重视，师徒传授，不敢逾越，有违犯立即施以应受之法规,无少贷也。昔年,余教读于邑之“陶叶”,校傍巨刹,中多乞丐。一日,闻庙内人声喧呶,似多人纷执争辩者。疑群丐或因赌博起斗殴耳。余少年好事,乃攀短垣视之,见庙院群丐麇集,似有所作。一大篓悬树上,风吹摇动,盖是物为彼辈中之最高威权标帜,犹如帝王之圣旨、寺庙之敕谍,平素用以乞讨贮杂物,一旦施行职权,则变为神圣不可侵犯之法器,严厉如军中令箭掷下也。俄而见一丐出,跪地下,颤栗若不胜惊怖者。一老丐出,蓬发狞丑,怒目汹汹,撸袖,执匕首直前猛刺前丐下肢,刃透股肌,血喷射,土为之赤。而丐跪不敢声,视其惨怛无复人形之面色,可知其痛彻肝髓,而犹咬牙忍受也。

余睹此,恚然恨,翌日寻访辖此地之警所,告以所见,希驱群丐离去,并恫戒其不准施此残酷私刑。然终难禁其所为。此等乞丐,虽日事乞讨、夜栖破庙,而饮食享用特奢。如值阴雨,则酗酒赌博,豪举惊人。尔时,商人辈偶作叶子戏(抹纸牌),即输赢稍巨,亦不过铜元五七吊,鲜动用银币者。惟此等叫化,不屑屑于此寥寥,余曾窥其聚财,声琅琅多为现洋。一局胜负,堪敌中人之产,闻之咋舌,亦不晓其如许财物何以致之。

奇 丐

吴云涛

昔，聊城南乡米家堂村有破庙一，距村约半里许。垣墙多圮，山门已毁，仅存大殿三楹，亦檩摧壁斜，将欲倾颓。一老丐栖此，年将耳顺，脚步甚健，无龙钟态，亦不知其何从来。丐嗜旱烟，所用烟袋为铁制，长二尺许，杆、斗、嘴皆铁质，甚浑重。烟袋锅大如小茶杯，可容烟丝二两。

老丐上门行乞不持“打狗棒”，只背一破褡子，臂挟烟袋。其方式亦不落普通丐人之窠臼。至某户，即蹲其门外，狂吸旱烟，不喊不叫。吸毕，即在门框上磕烟袋，其声嘭嘭剥剥，响震内院。主人闻之出，给以整个干粮，则接受，迳去，终不语也。如给碎块干粮或剩汤，则必怒目不顾，悻悻而去。其所吸烟灰落地下，堆之可盈捧。富家翁知此丐横悍，且惯施计谋，多惧之。见其来，必餍其欲而求免生意外。如村有狞犬，见其来追而狺狺狂吠，丐亦不叱不避，此犬不久必猝死，盖阴饵以毒毙之也。是以饲狗之家，亦不敢嗾其肆威。然此丐虽凶鸷如强盗，而亦因人而施。逢慷慨好善者户，必多方为之遮护，宵小穿窬辈，不敢罗唣。仅顾温饱之家，从不向之求乞。而对为富不仁、惜钱如命之“地主”，如所索不遂其欲,即设法“报复”,其法以火种缚箭头,入夜发射于其柴垛、茅檐之上,以使其遭受回禄之殃云。

丐短衲敝履,腰横宽带,两目深陷,浓眉巨吻,面黑且丑,绕颊乱髭如猬,视之似非良善辈。然亦从未见其强讨恶索、蛮不讲理之事。他讨来的干粮,自己并不全吃,攒一小篮,即分送村上穷户。或问:“汝何地人,年轻时做甚?”丐辄袒衣露其胸背刀痕数处,言:“昔年为盗,率同伙闯走江湖,多次被官兵追捕,格斗血伤,濒死者屡。老来遁迹为丐,以栖风尘也。”

一年,附近村数家富户,恶此丐之行,私议欲殄除之,拟乘夜捆舁荒郊,掘坑活埋。密商之群众,未得同意而罢。丐不久即离去,或亦恐不虞之祸罹身也。

后　记

《海岱寻踪》是山东省文史研究馆编辑的文史笔记第二卷，与本丛书第三辑中出版的《山左鸿爪》为姊妹卷。

《海岱寻踪》共设“山左名流”、“政海拾遗”、“仁民爱物”、“文化教育”、“曲艺杂技”、“琴棋书画”、“散英佥载”、“地方掌故”、“饮食烹饪”、“三教九流”等十个栏目。与《山左鸿爪》相照应，两卷内容可大致反映山东近百年稗闻野史的整体风貌。

此次编辑文史笔记，山东省文史研究馆征集的稿件较多，因篇幅和体例所限，虽以两卷出版，仍尚有许多佳作难以与读者见面，嗣后我们拟将于本馆馆刊上陆续发表以飨读者。在此谨向热情支持笔记编辑工作的馆员和馆外的广大作者们，表示深切的谢忱和歉意！

《海岱寻踪》与《山左鸿爪》一样，在完稿的过程中，得到了中央文史研究馆和蒋路先生的悉心指正，在此谨表感谢。齐鲁书社李玉山先生、山东文艺出版社张升明先生作为本书编辑的学术顾问给予了热情指导。本馆馆员王昭建、梁兆斌，工作人员宋成义、周雪平等同志参加了本书的编辑工作。

编　者